Jacqueline Böttcher

Kleine Wochenend & Festtags Torten

Sahnig-zarte Glücksmomente

Diese Torten sind alle für die 20-cm-Springform berechnet. Bei einer leicht kleineren Form wird der Teig einfach etwas höher. Wenn Sie eine große Form benutzen möchten, erhalten Sie über die Dreisatzrechnung einen Anhaltspunkt für die größeren Mengen. Ein Umrechnungsbeispiel dafür sehen Sie auf Seite 13.

Früher waren Feste oder Feiern ohne eine oder gar mehrere Torten als Mittelpunkt der Kaffeetafel nicht denkbar. Dazu gehörten auch ganz selbstverständlich gestärkte Tischwäsche, weiße Servietten, Besteck und Kerzenhalter aus Silber. Und das Geschirr war das Feinste was der Küchenschrank hergab.

Heute ist man vom zeremoniellen Charakter dieser Anlässe meist weit entfernt. Feste und Feiern mit Freunden, Bekannten und der Familie finden auch spontan statt. Statt weißem Tischtuch liegen bunte Tischsets aus.

Doch der Zauber einer Torte ist immer noch vorhanden - sie ist Verwöhntalent und süßer Seelsorger zugleich. Bereits beim Zubereiten verströmen die kleinen Kunstwerke eine besondere Atmosphäre und wecken eine innere Freude.

Gönnen Sie sich und Ihren Liebsten das Schönste was die Kaffeetafel zu bieten hat - eine liebevoll selbst gemachte Torte.

Ich wünsche Ihnen viel Freude beim Zubereiten und Genießen!

Jacqueline Böttcher

Inhalt

- 4 *Vorwort*
- 6 *Die richtigen Geräte für den Hobbybäcker*
- 7 *Die Tortenbasis*
- 9 *Die wichtigsten Zutaten*
- 10 *Vorbereiten und aufbewahren*
- 10 *Füllen und stapeln*
- 11 *Dekorieren*
- 13 *Hinweise zu den Rezepten*

Die Rezepte

- 14 *Fruchtig und saftig*
- 38 *Nussig und schokoladig*
- 60 *Klassisch und festlich*
- 82 *Einfach, schnell und trotzdem raffiniert*

- 104 *Rezeptregister*
- 106 *Bezugsadressen und Links*
- 107 *Impressum*

Die richtigen Geräte für den Hobbybäcker

Zur Herstellung einer Torte gehören die richtigen Backhelfer und etwas Übung.

Zum exakten Abwiegen und Abmessen ist eine Küchenwaage (am besten digital mit Zuwiegefunktion) und ein Messbecher (mit Millimetereinteilung) unverzichtbar.

Zum Herstellen der Böden benötigt man ein Rührgerät (Handrührgerät oder Küchenmaschine), einen Schneebesen, einen Teigspatel, einen Backpinsel (aus Silikon oder mit Borsten), eine Teigkarte, ein Rollholz, Backformen (am besten beschichtet) sowie ein Kuchengitter zum Auskühlen der Böden.

Schüsseln in verschiedenen Größen (aus Kunststoff und/oder Edelstahl) benötigt man auch für Füllungen und Dekoration. Ebenso eine lange Palette zum Glattstreichen von Creme oder Glasur, einen Spritzbeutel mit Tüllen in verschiedene Formen und Größen, einen Garnierkamm für Wellenmuster sowie stabile, verstellbare Tortenringe (mindestens 8 cm hoch).

Zum sicheren Transport und geruchsfreiem Aufbewahren ist die Anschaffung einer Tortenhaube zu empfehlen. Und mit einem Tortenheber kommen die Stücke garantiert bruchsicher auf die Teller.

Die Tortenbasis

Der Luftige: Biskuit

So werden Ihnen die Teige garantiert gelingen.

- Je zügiger Sie arbeiten und je fester und stabiler Ihnen der Eischnee gelingt – Schüssel und Schlagbesen müssen absolut fettfrei sein –, umso feiner wird der Biskuitteig (eigentlich eine Masse, da hauptsächlich Eier verwendet werden).
- Das Eigelb wird separat mit Zucker hell-cremig aufgeschlagen, bis sich der Zucker gelöst hat.
- Mehl und Backpulver stets gut mischen und sieben, das bringt zusätzliche Luft in die Masse.
- Damit die eingeschlagene Luft beim Vermengen nicht wieder entweicht, sollte man mit einem Schneebesen oder Küchenspatel arbeiten. In jedem Fall jede rührende Bewegung vermeiden und Schneebesen oder Küchenspatel nur mit langsamen, senkrecht kreisenden Bewegungen durch die Massen ziehen beziehungsweise unterheben.
- Die Backform wird nur am Boden mit Backpapier ausgelegt und nicht gefettet, da der Biskuitteig sonst nicht am Formrand „hochgehen" kann. Der Biskuitboden ist fertig gebacken, wenn er auf leichtem Fingerdruck elastisch nachgibt.
- Frisch gebackene Biskuitböden nach dem Backen vorsichtig aus der Form lösen und auf ein mit Zucker bestreutes Backpapier stürzen. So bleiben sie saftig und trocknen nicht zu sehr aus.
- Bevor man sie zum Füllen aufschneidet, lässt man sie einige Zeit ruhen (am besten über Nacht).
- Das Beträufeln der Böden mit Likör oder Fruchtsaft intensiviert den Geschmack der Torte, sie wird saftiger und bleibt länger frisch.

Tortologie

Der Weiche: Rührteig

- Damit Rührteig locker und weich wird, benötigt er Backpulver, das beim Backen kleine Gasbläschen produziert und den Teig auflockert.
- Auch bei der Zubereitung eingearbeitete Luft macht den Teig locker. Daher die Butter rechtzeitig aus dem Kühlschrank nehmen, damit sie Zimmertemperatur annehmen kann und dann gut aufgeschlagen als Lockerungsmittel beim Backen wirkt.
- Auch alle übrigen Zutaten sollten Zimmertemperatur haben, damit sie sich gut miteinander verbinden.
- Langes und gleichmäßiges Rühren macht den Teig saftig und zart.
- Das Mehl zuletzt zugeben und nur kurz unter die Butter-Ei-Masse rühren, sonst wird der Teig zäh und geht beim Backen nicht auf.
- Den Teig dann sofort in die Form füllen und in den heißen Ofen schieben. Sonst beginnt das Backpulver bereits vorher zu wirken und entwickelt beim Backen zu wenig Gas.

Der Kühle: Mürbeteig

Ein zusätzlicher Mürbeteigboden verbessert die Standfestigkeit und sorgt für knusprigen Biss.

- Zarte Tortenböden aus Biskuit oder Rührteig werden gerne mit einem Mürbeteigboden ergänzt.
- Der Mürbeteigboden sollte stets frisch gebacken werden.
- Man bestreicht ihn kurz vor dem Servieren mit einer dünnen Schicht Konfitüre (nach Wahl) und setzt dann die fertige Torte darauf.
- Hier ein einfaches Rezept für einen Mürbeteigboden, den Sie für alle Torten im Buch verwenden können (Zutaten für 2 Böden je 20 cm ⌀).

Eins-zwei-drei-Teig

- *100 g Mehl + Mehl zum Arbeiten*
- *40 g Zucker*
- *1 Prise Salz*
- *1 Eigelb (Größe M)*
- *60 g kalte Butter*

Das Mehl auf eine Arbeitsfläche sieben. In die Mitte eine Mulde drücken, das Eigelb hineingeben. Butter in Flöckchen am Rand verteilen, Zucker und Salz darüber streuen. Alles vom Rand aus rasch zu einem glatten Teig verkneten. In Folie wickeln, 30 Minuten kalt stellen. Den Teig in zwei Portionen teilen. Jede Portion auf wenig Mehl dünn ausrollen (20 cm ⌀). Auf ein mit Backpapier belegtes Blech legen und im heißen Ofen (Mitte, Ober-/Unterhitze 180 °C, Umluft 160 °C) ca. 10 Minuten goldbraun backen.

Die wichtigsten Zutaten

Butter ist wichtiger Geschmacksträger und macht Teige weich und zart. Für die Herstellung von Buttercreme ist sie unerlässlich. Sie sollte bei etwa 20 °C mit den Schlagbesen des Rührgerätes mindestens 5 Minuten aufgeschlagen werden, bis sie weiß und schaumig-luftig ist – so erhält man das größte Volumen und den besten Geschmack.

Sahne sollte bei 3–4 °C gelagert und mit dieser Temperatur auch aufgeschlagen werden. Dafür eignet sich am besten eine vorher im Kühl- oder Gefrierschrank gekühlte große Metallschüssel. Zum Füllen und Garnieren schlägt man die Sahne nur so lange auf, bis sie geschmeidig-glatt und standfest ist. Serviert man sie als Beigabe zur Torte, dann schlägt man sie mit ½–1 TL Zucker pro 200 g nur ganz leicht auf. So kommt ihr feiner, zarter Geschmack am besten zur Geltung.

Eier sollten so frisch wie möglich sein und von frei laufenden Hühnern bzw. aus ökologischer Erzeugung stammen. Für Torten, die aus nicht erhitzten Eiern hergestellt werden, sollten diese nicht älter als 5 Tage (Legedatum!) sein. Diese Torten unbedingt im Kühlschrank aufbewahren und innerhalb von 24 Stunden verzehren. Für Eischnee müssen alle Arbeitsgeräte fettfrei sein. Das Eiweiß muss sorgfältig vom Eigelb getrennt werden, sonst wird der Eischnee nicht richtig fest.

Mehl sollte vor Zugabe in den Teig gut gesiebt werden. Die dadurch eingeschlossene Luft macht den Teig schön zart. Für die Torten in diesem Buch wurde die Mehltype 405 verwendet. Teige aus Vollkornmehl werden trockener und fester, da seine Backfähigkeit geringer ist, und es benötigt etwa 10 bis 15 Prozent mehr Flüssigkeit. Eine ähnliche Funktion wie Mehl hat Speisestärke. Sie ist für luftige Biskuitböden unerlässlich. Das Triebmittel Backpulver sollte mit Mehl und/oder Speisestärke sorgfältig vermischt werden bevor es in den Teig kommt.

Gelatine besteht aus dem Eiweiß Kollagen und ist geruch- und farblos. Sie ist das am besten geeignete Bindemittel für schnittfeste Cremes. Gelatine darf nicht zu stark erhitzt werden (maximal 60 °C) – sie verliert sonst ihre gelierende Wirkung. Für kalte Cremes die Gelatine in kaltem Wasser einweichen und anschließend in etwas erwärmter Flüssigkeit auflösen. Dann zunächst mit 2–3 EL der kalten Grundmasse verrühren und diese Mischung in die übrige Masse rühren. Achtung: Gelatine verträgt sich nicht mit frischer Papaya, Kiwi, Feigen und Ananas. Diese Früchte enthalten ein Enzym, das die Gelatine nicht fest werden lässt.

So entfalten die wichtigsten Zutaten ihr ganzes Potential.

Auszugsmehl (Type 405) und die Mehltype 550 haben die besten Backeigenschaften.

Vorbereiten und aufbewahren

Torten lassen sich prima vorbereiten und können auch auf Vorrat eingefroren werden.

- ♥ **Füllungen** und **Dekorationen** von Creme- und Sahnetorten sind leicht verderblich, daher muss sauber und hygienisch gearbeitet werden. Vorbereitete Füllungen können 1 bis 3 Tage im Kühlschrank aufbewahrt werden.
- ♥ **Fertige Tortenböden** sind nach dem vollständigen Auskühlen in Frischhalte- oder Alufolie gewickelt bei maximal 7 °C 2 bis 7 Tage haltbar.
- ♥ **Fertige Torten** am besten mit einer Tortenhaube abdecken, damit sie im Kühlschrank keine Fremdgerüche annehmen.
- ♥ Will man fertige Torten komplett **einfrieren**, lässt man zunächst die Oberfläche anfrieren und schlägt sie dann zum vollständigen Einfrieren in Alufolie ein. Die Torten bei Zimmertemperatur in Folie verpackt **auftauen** lassen (ca. 3 bis 5 Stunden), Sahnetorten sollten im Kühlschrank auftauen (ca. 12 Stunden).
- ♥ **Zum Einfrieren nicht geeignet** sind Torten mit Buttercreme- oder Obstfüllungen, mit Tortenguss, Schokoladenglasur, Krokant-, Zuckerguss- oder Schokoverzierungen. Beim Auftauen verändern sich Form, Farbe und Geschmack – die Torten verlieren an Qualität.

Füllen und Stapeln

Omas Fadentrick und stabile Tortenringe helfen, Torten zu schichten.

- ♥ Für gefüllte Torten wird der Boden in zwei bis drei Schichten geschnitten. Das geht am einfachsten mit Omas **Fadentrick**: Zunächst den gebackenen Tortenboden ringsum mit einem spitzen Messer ein- oder zweimal einritzen, dann einen festen Zwirn in den Schnitt legen, die Enden überkreuzen und fest zusammenziehen – der Faden zieht sich dann gleichmäßig durch den Boden.
- ♥ Um Torten leicht füllen zu können, umschließt man sie mit einem **Tortenring**. Tortenringe aus Edelstahl erlauben auch höhere Stapeleien. Tortenringe aus Kunststoff sind meist schmaler und weniger stabil, sodass diese zusätzlich mit dem Ring der Springform umschlossen werden sollten. Den unteren Boden setzt man am besten vorher auf die gewünschte Tortenplatte, so erspart man sich den meist wackeligen „Transport" der fertig gefüllten Torte.

Dekorieren

Dekorieren mit Tüte und Tülle

Zur Dekoration mit Sahne oder Creme benötigt man einen großen Spritzbeutel sowie Spritztüllen in verschiedenen Größen und Formen. Zum Einfüllen schlägt man den oberen Beutelrand nach außen, um den Beutel außen sauber zu halten, füllt Sahne oder Creme hinein und dreht die Öffnung fest zusammen. Nicht zögern und die Sahne mit Schwung auf die Torte spritzen.

Erst cremig-zarte Füllungen und kleine Dekorationen machen den Kuchen zur Torte.

Dekorieren mit Schokolade

♥ Ob man lieber Schokolade oder Kuvertüre für Glasuren und Überzüge verwendet, ist keine Frage des Geschmacks. Kuvertüre hat gegenüber Schokolade einen höheren Kakaobutteranteil, was sie streichfähiger macht und damit besser geeignet für eine schöne, glatte Schokoglasur.

♥ Um eine Überhitzung beim Schmelzen zu verhindern schmilzt man zunächst etwa zwei Drittel der Kuvertüre über einem warmen Wasserbad (maximal 33 °C). Vorsicht! Es darf kein Tropfen Wasser an die Kuvertüre gelangen, sonst wird sie stumpf und klumpig. Dann die Schüssel mit der Kuvertüre vom Wasserbad nehmen und die übrige Kuvertüre unterrühren. So temperiert man gleich richtig und verhindert den Grauschleier, der bei zu raschem Erkalten entsteht.

♥ Die zu überziehende Torte sollte Zimmertemperatur (etwa 21 °C) haben und die der geschmolzenen Kuvertüre etwa 31–33 °C – das ergibt einen besonders schönen Glanz.

♥ Aus flüssiger Kuvertüre oder Schokolade lassen sich verschiedenste Ornamente zaubern. Auch beschriftete Schoko-Schildchen lassen sich damit herstellen. Dafür die Kuvertüre oder Schokolade

Kuvertüre ist eine hochwertige Schokolade mit einem höheren Fettgehalt, die sich gut schmelzen lässt und einen glatten Überzug bildet.

Tortologie

schmelzen, dünn auf Backpapier streichen, fest werden lassen, dann in Stücke brechen. Etwas Schokolade schmelzen, in ein Papiertütchen füllen, Spitze abschneiden und die Stücke beschriften oder verzieren.

Dekorieren mit Marzipan

- ♥ Für Marzipanfiguren benötigt man Marzipanrohmasse mit einem Zuckergehalt von maximal 35 Prozent, Speisefarbe und Puderzucker.
- ♥ Für kleine Figuren, Blüten und Ähnliches verknetet man die Marzipanrohmasse mit etwas Puderzucker, das macht die Masse standfester und die Figuren bleiben länger in Form. Sie sollte jedoch nicht trocken oder brüchig werden.
- ♥ Auch zum Ausrollen wird die Arbeitsfläche dünn mit Puderzucker bestäubt. Alternativ kann die Masse auch zwischen zwei Lagen Frischhaltefolie ausgerollt werden.
- ♥ Zum Einfärben des Marzipans mit Speisefarbe am besten Einmalhandschuhe tragen, so bekommt man keine bunten Finger.
- ♥ Die fertigen Marzipanfiguren können einige Tage im Voraus hergestellt und zwischen Lagen Pergamentpapier in einer luftdichten Dose an einem kühlen Ort aufbewahrt werden.
- ♥ Ausgestochene Blüten zum Trocknen in kleine Schälchen oder leere Pralinenschachteln legen. Durch die Wölbung wirken sie natürlicher. Zu guter Letzt können sie noch mit etwas (eingefärbter) Eiweißglasur verziert werden.
- ♥ Alternativ kann man Rollfondant verwenden, mit dem man Torten einkleiden oder daraus kleine Blüten, Figuren u. a. ausstechen kann. Auch er lässt sich mit Speisefarbe bunt einfärben.

Marzipanrohmasse enthält weniger Zucker als Marzipan und ist daher besser für die Verarbeitung mit Puderzucker geeignet.

Dekorieren des Tortenrands

- ♥ Mandelblättchen, Nusskrokant, Zucker- oder Silberperlen, Schokostreusel und dergleichen sind im Supermarkt erhältlich und schmücken jede Torte.
- ♥ Um den Tortenrand zu dekorieren, hebt man die Tortenplatte leicht schräg an und „wirft" Streusel, Blättchen oder Flocken großzügig von der Seite an den mit Sahne oder Creme bestrichenen Rand.
- ♥ Je frischer die Creme oder Sahne, umso besser haftet die Dekoration.

Hinweise zu den Rezepten

Backofentemperatur, -zeit und -einstellung

Die in den Rezepten angegebenen Werte können je nach Backofen variieren. Bitte beachten Sie die jeweilige Gebrauchsanweisung des Herstellers. In jedem Fall sollte der Backofen rechtzeitig (mindestens 15 Minuten) vor dem Einschub vorgeheizt werden – sonst stimmen die angegebenen Zeiten nicht.

Garproben

Ob der Rührteig durchgebacken ist, erkennt man mit der Stäbchenprobe. Dafür steckt man gegen Ende der Garzeit ein dünnes Holzstäbchen in die Mitte des Bodens. Bleibt noch Teig daran kleben, muss er noch etwas länger backen. Ist er gar, bleibt das Stäbchen sauber.

Biskuitteig testet man durch leichten Fingerdruck. Gibt der Boden elastisch nach, ist er fertig.

Abkürzungen

» EL = gestrichener Esslöffel
» TL = gestrichener Teelöffel
» Msp. = Messerspitze
» g = Gramm
» kg = Kilogramm
» ml = Milliliter
» l = Liter
» TK = Tiefkühl-
» °C = Grad Celsius
» ∅ = Durchmesser
» Pck. = Päckchen

Umrechnungsbeispiel

Hier zeige ich Ihnen, wie Sie die Rezepte umrechnen können, wenn Sie eine größere Springform verwenden möchten. Beispiel Kokostorte (Rezept auf Seite 44).

	20-cm-Form	26-cm-Form
Butter	90 g	90 g * 1,69 = 152 g (nehmen Sie 150 g)
Zucker	135 g	135 g * 1,69 = 228 g (nehmen Sie 230 g)
Eier	3	3 Eier * 1,69 = 5,07 Eier (nehmen Sie 5 Eier)
Vanillezucker	1 Pck.	1 Pck. * 1,69 = 1,7 Pck. (nehmen Sie 1,5 Päckchen)
Mehl	150 g	150 g * 1,69 = 253,6 g (nehmen Sie 250 g)
Backpulver	1 TL	1 TL * 1,69 = 1,69 TL (nehmen Sie 2 gestrichene TL)
Puddingpulver	30 g	30 g * 1,69 = 50,7 g (nehmen Sie 50 g)
Milch	3 EL	3 EL * 1,69 = 5,07 EL (nehmen Sie 5 EL)
Kokosraspel	60 g	60 g * 1,69 = 101,4 g (nehmen Sie 100 g)
Likör	2–3 EL	2 EL * 1,69 = 3,38 EL/3 EL * 1,69 = 5,07 EL (nehmen Sie 3,5–5 EL)
Sahne	400 g	400 g * 1,69 = 676 g (nehmen Sie 700 g)
Konfitüre	4–5 EL	4 EL * 1,69 = 6,76 EL/5 EL * 1,69 = 8,45 EL (nehmen Sie 7–8 EL)

Als Grundlage für die Umrechnung nimmt man das Volumen der Form:

Volumenberechnung:
Radius * Radius * π (Kreiszahl = 3,142)

Für eine 20-cm-Springform:
20 * 20 * 3,142 = 1256,8

Für eine 26-cm-Springform:
26 * 26 * 3,142 = 2124,0

Berechnung des Umrechnungsfaktors:
2124,0 : 1256,8 = 1,69

Alles weitere – auch die Backzeit – bleibt unverändert. Achten Sie aber im Fall einer Umrechnung immer besonders darauf, die Garprobe zu machen.

Fruchtig und saftig

Kirschen und Schokolade ist stets ein gutes Duo. Hier wird es mit einer dicken Haube aus Schmand und Sahne gekrönt.

Schmandtorte mit Sauerkirschen

Rührteig
- » 75 g weiche Butter
- » 100 g Zucker
- » ½ Päckchen Vanillezucker
- » 2 Eier (Größe M)
- » 150 g Mehl
- » 1 TL Backpulver
- » 1 Prise Salz
- » 1 ½ EL Kakaopulver
- » 3 EL Milch
- » 1 Packung TK-Sauerkirschen (300 g)

Belag
- » 1 EL Zucker
- » ¼ TL Zimtpulver
- » 250 g Sahne
- » 1 Päckchen Sahnefestiger
- » 250 g Schmand

Guss
- » ½ Päckchen roter Tortenguss
- » 125 ml Sauerkirschsaft
- » 1-2 EL Zucker

- » Springform 20 cm ∅

1 Den Backofen auf 175 °C (Umluft 155 °C) vorheizen. Die Form fetten und mit Mehl bestäuben.

2 Für den Rührteig die Butter mit etwas Zucker und Vanillezucker weiß-schaumig schlagen. Die Eier zugeben und sorgfältig unterrühren. Übrigen Zucker dazugeben. Mehl, Backpulver und Salz mischen. Nach und nach zur Buttermasse geben und unterrühren.

3 Die Hälfte des Teiges in die Form füllen. Den übrigen Teig mit Kakaopulver und Milch gut verrühren und auf den hellen Teig geben, glatt streichen. Dann mit einer Gabel ein Marmormuster durch die beiden Teige ziehen. Die Kirschen darauf verteilen. Im heißen Ofen (Mitte) 25-30 Minuten backen. Herausnehmen und auskühlen lassen, dann vorsichtig aus der Form lösen.

4 Für den Belag Zucker mit Zimt mischen. Die Sahne mit Sahnefestiger steif schlagen. Schmand mit Zimtzucker glatt rühren. Die Sahne unter den Schmand heben. Einen Tortenring um den Boden legen und die Schmandcreme darauf verteilen. Kalt stellen.

5 Aus Tortengusspulver, Saft und Zucker nach Packungsanleitung einen Tortenguss zubereiten. Kurz abkühlen lassen, dann esslöffelweise gleichmäßig auf der Schmandcreme verteilen. Die Torte vor dem Servieren mindestens 4 Stunden kalt stellen.

Schwierigkeit: einfach
Zubereitung: 55 Minuten
Backzeit: 25-30 Minuten
Kühlzeit: 4 Stunden

Eine Torte, die alle erobert. Die kleinen süßen Beeren sind so zart und aromatisch, dass ihnen keiner widerstehen kann.

Himbeerquarktorte

Rührteig
- » 100 g weiche Butter
- » 100 g Zucker
- » 1 Päckchen Vanillezucker
- » abgeriebene Schale von ½ Bio-Zitrone
- » 3 Eier (Größe M)
- » 125 g Mehl
- » ½ TL Backpulver
- » 1 Prise Salz

Füllung
- » 150 g frische Himbeeren
- » 350 g Magerquark
- » 75 g Zucker
- » Saft und abgeriebene Schale von ½ Bio-Zitrone
- » 5 Blatt weiße Gelatine
- » 1 Blatt rote Gelatine
- » 200 g Sahne

Dekoration
- » 50 g weiße Schokolade (oder weiße Kuvertüre)

» Springform 20 cm Ø

1 Den Backofen auf 175 °C (Umluft 155 °C) vorheizen. Die Form fetten und mit Mehl bestäuben.

2 Für den Rührteig die Butter mit etwas Zucker, Vanillezucker und Zitronenschale weiß-schaumig schlagen. Die Eier zugeben und sorgfältig unterrühren. Übrigen Zucker dazugeben. Mehl, Backpulver und Salz mischen. Nach und nach zur Buttermasse geben und unterrühren. Den Teig in die Form füllen und im heißen Ofen (Mitte) 25 Minuten backen. Herausnehmen und auskühlen lassen. Dann vorsichtig aus der Form lösen und einmal waagerecht durchschneiden.

3 Für die Füllung die Himbeeren abspülen, trocken tupfen, fein pürieren und durch ein Sieb streichen, 2–3 EL vom Püree abnehmen und beiseite stellen. Das übrige Püree mit Quark, Zucker, 1 EL Zitronensaft und -schale verrühren. Weiße und rote Gelatine nach Packungsanleitung einweichen und auflösen. Zunächst etwa 2–3 EL Himbeerquark mit der aufgelösten Gelatine verrühren, dann mit dem übrigen Himbeerquark verrühren. Die Sahne steif schlagen und unterheben.

4 Die Hälfte der Himbeer-Quark-Creme auf den unteren Biskuitboden geben. Den zweiten Boden darauf legen und mit der übrigen Himbeer-Quark-Creme bestreichen. Die Torte 2–3 Stunden kalt stellen und fest werden lassen.

5 Für die Dekoration die Schokolade mit einem Messer oder einem Sparschäler in feine Flocken hobeln. Auf der Torte verteilen und übriges Himbeerpüree darüber träufeln.

Schwierigkeit: einfach
Zubereitung: 40 Minuten
Backzeit: 25 Minuten
Kühlzeit: 2–3 Stunden

Leider ist die Saison für frische, heimische Kirschen nur kurz. Deshalb habe ich für dieses cremige Prachtstück einfach tiefgekühlte Kirschen verwendet.

Kirschtorte

Rührteig
- » 100 g weiche Butter
- » 75 g Zucker
- » etwas abgeriebene Schale von 1 Bio-Zitrone
- » 2 Eier (Größe M)
- » 125 g Mehl
- » ½ TL Backpulver
- » 1 Prise Salz

Buttercreme
- » 1 Packung TK-Sauerkirschen (300 g)
- » 250 ml Milch
- » 1 EL Zucker
- » ½ Päckchen Sahnepuddingpulver
- » 125 g weiche Butter
- » 1 EL Puderzucker

Guss
- » 1 Päckchen roter Tortenguss
- » 250 ml Kirschsaft

- » Springform 20 cm Ø

1 Den Backofen auf 180 °C (Umluft 160 °C) vorheizen. Die Form fetten und mit Mehl bestäuben. Für die Creme die Kirschen in einem Sieb auftauen lassen.

2 Für den Rührteig die Butter mit Zucker und Zitronenschale weiß-schaumig schlagen. Die Eier nacheinander zugeben und je etwa 1 Minute unterrühren. Mehl, Backpulver und Salz mischen. Nach und nach auf die Buttermasse sieben und unterrühren. Den Teig in die Form füllen und im heißen Ofen (Mitte) 25-30 Minuten backen. Herausnehmen und auskühlen lassen. Dann vorsichtig aus der Form lösen.

3 Für die Creme 2 EL von der Milch mit Zucker und Puddingpulver verrühren. Die übrige Milch in einem kleinen Topf zum Kochen bringen. Das angerührte Puddingpulver einrühren und 1 Minute köcheln lassen. Vom Herd nehmen und abkühlen lassen, dabei gelegentlich durchrühren damit sich keine Haut bildet.

4 Die Butter mit dem Puderzucker weiß-schaumig schlagen. Den abgekühlten Pudding esslöffelweise unter die Buttermasse rühren, dann die Kirschen unterheben. Die Kirsch-Buttercreme auf dem Tortenboden verteilen und glatt streichen, etwa 30-45 Minuten kalt stellen bis die Creme fest ist.

5 Aus Tortengusspulver und Kirschsaft nach Packungsanleitung einen Guss zubereiten. Den Guss esslöffelweise von dem Mitte aus über die Kirsch-Buttercreme geben und fest werden lassen. Die Torte bis zum Servieren kalt stellen.

Schwierigkeit: mittel
Zubereitung: 55 Minuten
Backzeit: 25-30 Minuten
Kühlzeit: etwa 1 Stunde

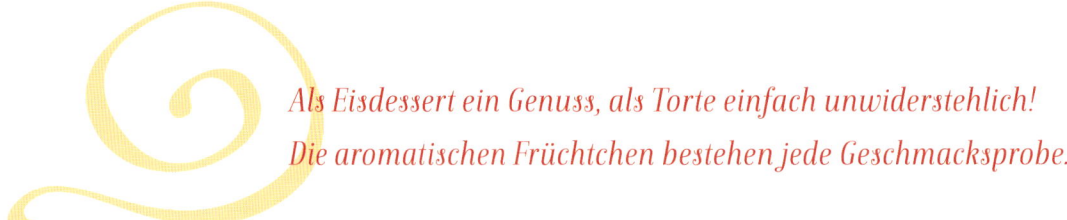

*Als Eisdessert ein Genuss, als Torte einfach unwiderstehlich!
Die aromatischen Früchtchen bestehen jede Geschmacksprobe.*

Fruchttorte „Pfirsich Melba"

Biskuitmasse
- *3 Eier (Größe M)*
- *1 Prise Salz*
- *75 g Zucker*
- *½ Päckchen Vanillezucker*
- *100 g gemahlene Haselnüsse*
- *1 EL Speisestärke*
- *1 TL Backpulver*

Füllung
- *1 kleine Dose Pfirsiche (250 g Abtropfgewicht)*
- *3 Blatt weiße Gelatine*
- *500 g Sahnequark (40 % Fett i. Tr.)*
- *250 g Ricotta*
- *60 g Zucker*
- *½ Päckchen Vanillezucker*
- *100 g Sahne*

Dekoration
- *etwa 200 g Sahne*
- *250 g frische Himbeeren*
- *1 Blatt rote Gelatine*
- *1 EL Zitronensaft*
- *50 g Zucker*

- *Springform 20 cm Ø*

Schwierigkeit: einfach
Zubereitung: 35 Minuten
Backzeit: 25 Minuten
Kühlzeit: 4 Stunden

1 Den Backofen auf 170 °C (Umluft 150 °C) vorheizen. Den Boden der Form mit Backpapier auslegen. Für die Füllung die Pfirsiche in ein Sieb abtropfen lassen.

2 Für die Biskuitmasse die Eier trennen. Eiweiß mit Salz steif schlagen. Dann unter weiterem Schlagen 40 g Zucker langsam einrieseln lassen. Weiter schlagen bis die Masse fest und glänzend ist. Eigelb mit dem übrigen Zucker und dem Vanillezucker weiß-schaumig schlagen. Den Eischnee vorsichtig unter die Eigelbmasse heben. Gemahlene Nüsse, Stärke und Backpulver mischen und ebenfalls unterheben. Den Teig in die Form füllen und im heißen Ofen (Mitte) ca. 25 Minuten backen. Herausnehmen, aus der Form lösen und auf einem Kuchengitter auskühlen lassen.

3 Für die Füllung die Gelatine nach Packungsanleitung einweichen und auflösen. Quark mit Ricotta, Zucker und Vanillezucker glatt verrühren. Zunächst einige Esslöffel der Quarkcreme in die aufgelöste Gelatine rühren, dann mit der übrigen Creme verrühren, kalt stellen. Sobald die Creme beginnt, fest zu werden, die Sahne steif schlagen und unterheben.

4 Den Tortenboden einmal waagerecht durchschneiden. Die untere Bodenhälfte auf eine Tortenplatte setzen und mit einem Tortenring umschließen. Den Boden dünn mit Creme bestreichen. Die Pfirsichhälften mit der Schnittfläche nach unten darauf verteilen. Etwa die Hälfte der übrigen Creme darauf streichen, so dass die Pfirsiche vollständig damit bedeckt sind. Den zweiten Boden auf die Creme setzen, leicht andrücken und dick mit der übrigen Creme bestreichen. Die Torte ca. 15 Minuten kalt stellen.

5 Den Tortenring entfernen. Für die Dekoration die Sahne steif schlagen, in einen Spritzbeutel mit mittlerer Lochtülle füllen. Die Torte am Rand damit verzieren. Die Himbeeren verlesen. Die rote Gelatine nach Packungsanleitung einweichen und auflösen. 150 g Himbeeren mit Zitronensaft und Zucker fein pürieren und esslöffelweise unterrühren, mit einem kleinen Löffel auf die Torte träufeln. Übrige Himbeeren darauf verteilen. Die Torte vor dem Servieren 4 Stunden kalt stellen und fest werden lassen.

Eigentlich zählt der Rhabarber zu den Gemüsesorten. Kaum zu glauben, dass er in eine solch sahnig-süße Gaumenfreude wie diese Rhabarbertorte verwandelt werden kann!

Rhabarbertorte

Biskuitmasse
- 2 Eier (Größe M)
- 100 g Zucker
- ½ Päckchen Vanillezucker
- 60 g Mehl
- 60 g Speisestärke
- ½ TL Backpulver
- 1 EL Johannisbeergelee zum Bestreichen

Füllung
- 400 g Rhabarber
- Saft und abgeriebene Schale von ½ Bio-Zitrone
- 100 g Zucker
- 3 Blatt rote Gelatine
- 2 Blatt weiße Gelatine
- 200 g Sahne
- ½ Päckchen Vanillezucker

Dekoration
- 200–300 g Sahne
- bunter Zucker (siehe Tipp)
- 200 g Löffelbiskuits

- Springform 20 cm Ø

Schwierigkeit: mittel
Zubereitung: 1 Stunde
Backzeit: 30 Minuten
Kühlzeit: 4 Stunden

1 Den Backofen auf 175 °C (Umluft 150 °C) vorheizen. Den Boden der Form mit Backpapier auslegen.

2 Für die Biskuitmasse die Eier trennen. Eiweiß steif schlagen. Dann Zucker und Vanillezucker einrieseln lassen. Weiter schlagen bis die Masse fest und glänzend ist. Eigelb verrühren und unterziehen. Mehl, Stärke und Backpulver mischen, darüber sieben und locker unterheben. Den Teig in die Form füllen. Im heißen Ofen (Mitte) ca. 30 Minuten backen. Herausnehmen, aus der Form nehmen und auf einem Küchengitter auskühlen lassen.

3 Für die Füllung den Rhabarber waschen, putzen und in Stücke schneiden. Mit 1–2 EL Zitronensaft, Zitronenschale und Zucker in einem Topf mischen und bei kleiner Hitze gar dünsten. Die Gelatine nach Packungsanweisung einweichen. Ca. 400 ml heißes Rhabarberkompott in eine Schüssel füllen und die ausgedrückte Gelatine unter Rühren darin auflösen, abkühlen lassen. Sobald die Rhabarbermasse beginnt, fest zu werden, die Sahne steif schlagen. Mit Vanillezucker zur Rhabarbermasse geben und vorsichtig unterheben.

4 Den Biskuitboden einmal waagerecht durchschneiden. Den unteren Boden mit Gelee bestreichen, auf eine Tortenplatte legen und mit einem Tortenring umschließen. Die Rhabarbercreme darauf streichen. Den zweiten Boden darauf legen und leicht andrücken. Die Torte etwa 4 Stunden kalt stellen, bis die Creme fest ist. Dann den Tortenring vorsichtig abziehen.

5 Für die Dekoration die Sahne steif schlagen, die Torte damit ringsum dünn bestreichen. Übrige Sahne in einen Spritzbeutel mit großer Lochtülle füllen und die Torte damit verzieren, bunten Zucker darüber streuen. Löffelbiskuits etwas kürzer schneiden und rings um die Torte stellen.

♥ *Bunten Zucker gibt es fertig zu kaufen. Er lässt sich aber auch ganz leicht selbst herstellen. Dafür normalen Haushaltszucker mit einigen Tropfen Speisefarbe sehr gut mischen.*

Fruchtig und saftig

Locker-leichter Biskuitboden und darauf eine zitronig-frische Quarksahnecreme. Genau das Richtige für einen heißen Sommertag.

Zitronenquarktorte

Biskuitmasse
- *3 Eier (Größe M)*
- *125 g Zucker*
- *125 g Butter*
- *100 g Mehl*
- *1 TL Backpulver*
- *20 g gemahlene Mandeln*
- *1 Prise Salz*
- *abgeriebene Schale von 1 Bio-Zitrone*

Belag
- *3 Eier (Größe M)*
- *1 Eigelb (Größe M)*
- *35 g weiche Butter*
- *Mark von ½ Vanilleschote*
- *6 Blatt weiße Gelatine*
- *250 g Magerquark*
- *250 g saure Sahne*
- *160 g Zucker*
- *Saft und abgeriebene Schale von 2 Bio-Zitronen*
- *100 g Sahne*

Guss und Deko
- *½ Päckchen Götterspeise Zitronen-Geschmack*
- *einige frische Erdbeeren*
- *50-100 g Sahne*
- *einige Blättchen Zitronenmelisse*

- *Springform 20 cm Ø*

1 Den Backofen auf 170 °C (Umluft 150 °C) vorheizen. Die Form fetten und mit Mehl bestäuben.

2 Für die Biskuitmasse die Eier mit dem Zucker weiß-schaumig schlagen. Die Butter schmelzen, lauwarm abkühlen lassen. Dann unter ständigem Rühren in dünnem Strahl zur Eiercreme gießen. Mehl und Backpulver mischen. Mit gemahlenen Mandeln, Salz und Zitronenschale zur Eiermasse geben und vorsichtig unterheben. Den Teig in die Form füllen und im heißen Ofen (Mitte) ca. 25 Minuten backen. Herausnehmen, aus der Form lösen und auf einem Kuchengitter auskühlen lassen.

3 Für den Belag Eier, Eigelb, Butter und Vanillemark in eine große Schüssel geben und verrühren. Die Schüssel über ein Wasserbad stellen und die Masse mit einem Schneebesen schlagen, bis sie eindickt.

4 Die Gelatine nach Packungsanleitung einweichen und auflösen. Den Quark mit saurer Sahne, Zucker, Zitronensaft und -schale glatt rühren. Dann die Eiercreme zugeben und unterrühren. Einige Esslöffel der Zitronen-Quark-Creme unter die Gelatine rühren, dann die Masse unter die übrige Creme rühren. Die Sahne steif schlagen und unterheben.

5 Den Tortenboden auf eine Tortenplatte legen und mit einem Tortenring umschließen. Die Zitronen-Quark-Creme darauf geben, glatt streichen.

6 Für den Guss die Götterspeise nach Packungsanleitung, aber mit nur 250 ml Wasser zubereiten. Auf die Creme geben und glatt verstreichen. Die Torte im Kühlschrank 3 Stunden kalt stellen und fest werden lassen.

7 Für die Dekoration die Erdbeeren abspülen, putzen und in Scheiben schneiden. Die Sahne steif schlagen. Die Torte mit Sahnetupfen, Erdbeerscheiben und Melisseblättchen dekorieren.

Schwierigkeit: einfach – mittel
Zubereitung: 45 Minuten
Backzeit: 25 Minuten
Kühlzeit: 3 Stunden

Egal ob frisch oder aus der Dose: saftig-süße Aprikosen sind die besten Sommerbotschafter. Hier werden sie mit nussigem Buchweizen und cremigem Mascarpone vereint.

Aprikosentorte mit Mascarponecreme

Biskuitmasse
- » 3 Eier (Größe M)
- » 1 Prise Salz
- » 85 g Zucker
- » 50 g Buchweizenmehl
- » 50 g Speisestärke
- » ½ TL Backpulver

Creme
- » 1 kleine Dose Aprikosen (250 g Abtropfgewicht)
- » 5 Blatt weiße Gelatine
- » 300 g Mascarpone
- » 300 g Joghurt natur
- » 75 g Zucker

- » Springform 20 cm Ø

Schwierigkeit: einfach
Zubereitung: 55 Minuten
Backzeit: 30 Minuten
Kühlzeit: 3 Stunden

1. Den Backofen auf 180 °C (Umluft 160 °C) vorheizen. Den Boden der Form mit Backpapier auslegen. Für die Creme die Aprikosen in einem Sieb abtropfen lassen.

2. Für die Biskuitmasse die Eier mit Salz ca. 2 Minuten aufschlagen. Dann den Zucker langsam einrieseln lassen, weiter schlagen bis die Masse weiß-cremig wird und der Zucker vollständig gelöst ist. Mehl, Stärke und Backpulver mischen. Auf die Eiercreme sieben und vorsichtig unterheben. Den Teig in die Form füllen und im heißen Ofen (Mitte) ca. 30 Minuten backen. Herausnehmen, aus der Form lösen und auf einem Kuchengitter vollständig auskühlen lassen.

3. Für die Creme die Aprikosenhälften sehr klein würfeln, 2-3 Aprikosenhälften beiseite legen. Die Gelatine nach Packungsanweisung einweichen und auflösen. Mascarpone, Joghurt und Zucker glatt verrühren. 1-2 EL der Creme mit der aufgelösten Gelatine verrühren, die Mischung dann unter die übrige Creme rühren.

4. Den Boden zweimal waagerecht durchschneiden. Die Hälfte der Aprikosenwürfel auf den unteren Boden verteilen, ein Drittel der Creme darauf streichen. Den zweiten Boden darauf legen, leicht andrücken, die übrigen Aprikosenwürfel und ein weiteres Drittel Creme darauf verteilen. Den dritten Boden auflegen, leicht andrücken und mit der übrigen Creme bestreichen. Die Torte etwa 3 Stunden kalt stellen.

5. Die beiseite gelegten Aprikosenhälften in schmale Spalten schneiden und die Torte damit verzieren.

Fruchtig und saftig

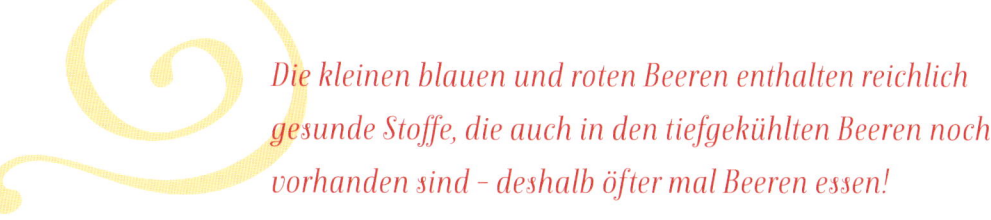

Die kleinen blauen und roten Beeren enthalten reichlich gesunde Stoffe, die auch in den tiefgekühlten Beeren noch vorhanden sind – deshalb öfter mal Beeren essen!

Waldbeerentorte

Biskuitmasse
- 50 g dunkle Kuvertüre
- 4 Eier (Größe M)
- 120 g Zucker
- 150 g Mehl
- 1 TL Backpulver

Füllung
- 300 g TK-Beerenmischung
- 100 g Zucker
- 1 Päckchen Vanillezucker
- 4 Blatt weiße Gelatine
- 300 g Sahne

Dekoration
- 100–150 g dunkle Kuvertüre
- 200 g Sahne
- einige frische gemischte Beeren

Springform 20 cm ⌀

Schwierigkeit: einfach–mittel
Zubereitung: 45 Minuten
Backzeit: 30 Minuten
Kühlzeit: 4 Stunden

1 Den Backofen auf 180 °C (Umluft 160 °C) vorheizen. Den Boden der Form mit Backpapier auslegen. Für die Füllung die Beeren auftauen.

2 Für die Biskuitmasse die Kuvertüre grob hacken und über dem warmen Wasserbad schmelzen. Die Eier weiß-schaumig schlagen, dabei den Zucker einrieseln lassen. Mehl und Backpulver mischen und auf die Eiermasse sieben, unterheben. Zuletzt die geschmolzene Kuvertüre unterziehen. Den Teig in die Form füllen und im heißen Ofen (Mitte) ca. 30 Minuten backen. Herausnehmen, aus der Form lösen, auf ein Kuchengitter stürzen, Backpapier abziehen und vollständig auskühlen lassen.

3 Für die Füllung Zucker und Vanillezucker mit 75 ml Wasser in einem kleinen Topf aufkochen. 5 Minuten sirupartig einkochen. Vom Herd nehmen, etwas abkühlen lassen. Die aufgetauten Beeren fein pürieren, mit dem Zuckersirup verrühren. Die Gelatine nach Packungsanleitung einweichen und auflösen. Einige Esslöffel Beerensauce einrühren, dann die Masse in die übrige Sauce rühren. Die Sahne steif schlagen, unterheben.

4 Den Boden einmal waagerecht durchschneiden. Den unteren Boden auf eine Tortenplatte setzen und mit einem Tortenring umschließen. Gut die Hälfte der Beerenmousse auf dem unteren Tortenboden verstreichen. Den zweiten Boden auflegen und mit der übrigen Mousse bestreichen. Die Torte mindestens 4 Stunden kalt stellen und fest werden lassen.

5 Für die Dekoration die Kuvertüre grob hacken und im warmen Wasserbad schmelzen. In einen kleinen Gefrierbeutel füllen. Eine kleine Ecke abschneiden und kleine quadratische Gitter auf ein Backpapier spritzen, fest werden lassen. Die Sahne steif schlagen, in eine Spritztüte mit großer Sterntülle füllen und große Sahnetuffs auf jedes Tortenstück spritzen, mit Beeren und Schokogitter verzieren.

Ob „Grüne Magdalene", „Gute Luise" oder „Gräfin von Paris"- Birnen enthalten wenig Säure, das macht sie zum idealen Belag für sahnig-süße Torten.

Mohnsahnetorte mit Birnenmus

Biskuitmasse
- » 3 Eier (Größe M)
- » 1 Prise Salz
- » 75 g Zucker
- » 100 g gemahlenen Mohn
- » 1 EL Speisestärke
- » 1 TL Backpulver
- » 3 EL Birnengeist zum Beträufeln (nach Belieben)

Birnenmus
- » 1 kg Birnen
- » 400 g Gelierzucker 3:1
- » 1 TL abgeriebenen Bio-Zitronenschale
- » 5 EL Zitronensaft

Creme
- » 4 Blatt weiße Gelatine
- » 60 ml Birnensaft
- » 60 g Zucker
- » 450 g Sahne

Dekoration
- » 100 g dunkle Kuvertüre

- » *Springform 20 cm Ø*

Schwierigkeit: mittel
Zubereitung: 75 Minuten
Backzeit: 25 Minuten
Kühlzeit: 1 Stunde

1 Den Backofen auf 170 °C (Umluft 150 °C) vorheizen. Den Boden der Form mit Backpapier auslegen.

2 Für die Biskuitmasse die Eier trennen. Eiweiß mit Salz steif schlagen. Dann unter weiterem Schlagen 40 g Zucker langsam einrieseln lassen. Weiter schlagen bis die Masse fest und glänzend ist. Eigelb mit dem übrigen Zucker schaumig schlagen. Den Eischnee vorsichtig unter die Eigelbmasse heben. Mohn, Stärke und Backpulver mischen und ebenfalls unterheben. Den Teig in die Form füllen und im heißen Ofen (Mitte) ca. 25 Minuten backen. Herausnehmen, aus der Form lösen und auf einem Kuchengitter auskühlen lassen. Dann das Backpapier abziehen.

3 Für das Mus die Birnen schälen und vierteln, dabei das Kerngehäuse entfernen. Das Fruchtfleisch klein schneiden. 600 g Birnenwürfel abwiegen und mit Gelierzucker, Zitronenschale und -saft in einem großen Topf mischen, ca. 1 Stunde ziehen lassen. Dann fein pürieren und unter Rühren aufkochen. Etwa 5 Minuten unter Rühren sprudelnd kochen lassen. In eine Schüssel füllen und abkühlen lassen, dabei öfter umrühren.

4 Inzwischen für die Creme die Gelatine nach Packungsanleitung einweichen. Birnensaft mit Zucker in einem kleinen Topf unter Rühren erwärmen. Die Gelatine ausdrücken und darin auflösen. In eine Schüssel füllen, abkühlen lassen. Sobald die Masse zu gelieren beginnt, die Sahne steif schlagen und unterheben.

5 Den Tortenboden zweimal waagerecht durchschneiden. Den Birnengeist mit 3 EL Wasser verrühren und die Böden damit beträufeln. Den unteren Boden auf eine Tortenplatte setzen und mit einem Tortenring umschließen. Jeweils die Hälfte Birnenmus und Creme nacheinander darauf geben, glatt streichen. Den zweiten Boden darauf setzen, leicht andrücken. Übriges Birnenmus und zwei Drittel der übrigen Creme darauf verteilen. Den dritten Boden auflegen und mit übriger Creme bestreichen. Die Torte etwa 1 Stunde kalt stellen und fest werden lassen.

6 Für die Dekoration die Kuvertüre grob hacken und im warmen Wasserbad schmelzen. Dann die Torte damit beträufeln.

♥ *Birnenmus und Böden lassen sich prima im Voraus zubereiten. Am nächsten Tag nur noch die Creme zubereiten und die Torte zum Schichten am besten mit einem hohen Tortenring umschließen.*

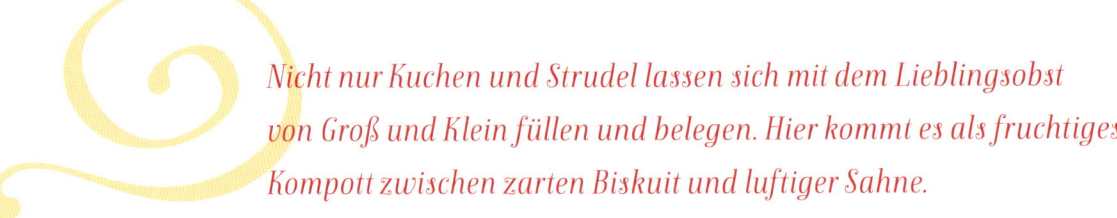

Nicht nur Kuchen und Strudel lassen sich mit dem Lieblingsobst von Groß und Klein füllen und belegen. Hier kommt es als fruchtiges Kompott zwischen zarten Biskuit und luftiger Sahne.

Apfelsahnetorte

Biskuitmasse
- 35 g Butter
- 3 Eier (Größe M)
- 1 Prise Salz
- 80 g Zucker
- 80 g Mehl
- 10 g Speisestärke
- 35 g gemahlene Mandeln
- 3 EL Apfelsaft + 3 EL Apfellikör (nach Belieben)

Apfelkompott
- 450 g Äpfel
- 1 EL Zitronensaft
- 200 ml Apfelsaft
- ½ Päckchen Vanillepuddingpulver
- 30 g Zucker

Sahne
- 60 g Doppelrahmfrischkäse
- 200 g Apfelmus (Glas)
- 1 Msp. Zimt
- 5 Blatt weiße Gelatine
- 250 g Sahne

Dekoration
- 100 g Sahne, Apfelchips
- Haselnusskrokant

- *Springform 20 cm Ø*

Schwierigkeit: einfach-mittel
Zubereitung: 45 Minuten
Backzeit: 30 Minuten
Kühlzeit: 4 Stunden

1. Den Backofen auf 190 °C (Umluft 170 °C) vorheizen. Den Boden der Form mit Backpapier auslegen.

2. Für die Biskuitmasse die Butter schmelzen, etwas abkühlen lassen. Die Eier mit Salz ca. 10 Minuten weiß-cremig aufschlagen, dabei den Zucker einrieseln lassen. Mehl und Stärke mischen, auf die Eiermasse sieben. Die Mandeln zugeben und vorsichtig unterheben. Die Butter mit etwas Teig mischen, dann unter die übrige Teigmasse heben. Den Teig in die Form füllen und im heißen Ofen (unterste Schiene) ca. 30 Minuten backen. Herausnehmen und in der Form auskühlen lassen.

3. Für das Apfelkompott die Äpfel schälen und vierteln, dabei das Kerngehäuse entfernen. Das Fruchtfleisch klein würfeln, mit Zitronensaft beträufeln. Vom Apfelsaft 2-3 EL abnehmen und mit Puddingpulver und Zucker verrühren. Die Apfelwürfel im übrigen Apfelsaft zugedeckt etwa 4 Minuten bissfest garen. Dann in ein Sieb abgießen, Saft dabei auffangen.

4. Den abgetropften Saft wieder in den Topf geben, aufkochen. Angerührtes Puddingpulver unter Rühren zugießen, aufkochen und ca. 1 Minute köcheln lassen. Vom Herd nehmen, Apfelwürfel zugeben und abkühlen lassen.

5. Für die Sahne Frischkäse, Apfelmus und Zimt verrühren. Die Gelatine nach Packungsanleitung einweichen und auflösen. Etwas von der Frischkäsecreme unterrühren, dann die Masse in die übrige Creme rühren. Sahne steif schlagen und unterheben.

6. Den Tortenboden einmal waagerecht durchschneiden. Apfelsaft mit Likör verrühren, die Böden damit beträufeln. Den unteren Boden auf eine Tortenplatte setzen und mit einem Tortenring umschließen. Apfelkompott darauf geben, glatt streichen. Die Hälfte der Sahne darauf geben. Den zweiten Boden darauf legen und mit der übrigen Sahne bestreichen. Die Torte etwa 3 Stunden kalt stellen und fest werden lassen.

7. Den Tortenring entfernen. Für die Dekoration die Sahne steif schlagen, in einen Spritzbeutel mit großer Sterntülle füllen. Große Sahnetuffs auf den Rand der Torte spritzen, mit Apfelchips und Krokant garnieren.

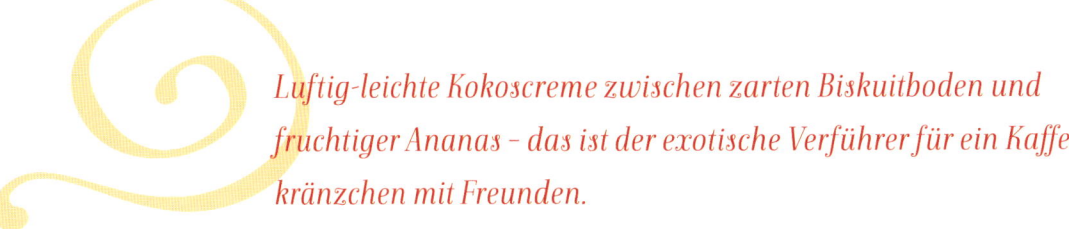

Luftig-leichte Kokoscreme zwischen zarten Biskuitboden und fruchtiger Ananas – das ist der exotische Verführer für ein Kaffeekränzchen mit Freunden.

Ananastorte mit Kokos-Quarkcreme

Biskuitmasse
- 2 Eier (Größe M)
- 60 g Zucker
- 60 g Mehl
- ½ TL Backpulver
- 15 g Speisestärke
- 5 EL Orangenlikör (oder Orangensaft) zum Beträufeln

Creme
- 1 kleine Dose Ananas in Scheiben (250–360 g Abtropfgewicht)
- 100 g Frischkäse
- 125 g Magerquark
- 150 g Kokoscreme
- Saft und Schale von ½ Bio-Orange
- 350 g Sahne
- 1 Päckchen Vanillezucker

Dekoration
- 150–200 g Sahne
- frische Ananas
- Kokos-Chips

- Springform 20 cm ⌀

Schwierigkeit: einfach
Zubereitung: 55 Minuten
Backzeit: 25–35 Minuten
Kühlzeit: 1 Stunde

1 Den Backofen auf 175 °C (Umluft 150 °C) vorheizen. Den Boden der Form mit Backpapier auslegen. Für die Creme Ananas in ein Sieb abtropfen lassen.

2 Für die Biskuitmasse die Eier trennen. Eiweiß steif schlagen, dabei den Zucker einrieseln lassen. Eigelb verrühren, unterziehen. Mehl, Backpulver und Stärke mischen. Auf den Eischnee sieben und unterheben. Den Teig in die Form füllen und im heißen Ofen (Mitte) ca. 25–35 Minuten backen. Herausnehmen, aus der Form lösen und auf ein Kuchengitter stürzen, Backpapier abziehen.

3 Für die Creme Frischkäse, Quark und Kokoscreme mit Orangensaft und -schale glatt verrühren. Sahne steif schlagen, dabei den Vanillezucker einrieseln lassen. Unter die Creme heben.

4 Den Boden zweimal waagerecht durchschneiden. Jeden Boden mit etwas Likör beträufeln. Die Ananasscheiben auf dem unteren Boden verteilen. Ein Drittel der Kokoscreme darauf glatt verstreichen. Den zweiten Boden auflegen, mit einem weiteren Drittel der Creme bestreichen. Den dritten Boden auflegen und mit der übrigen Kokoscreme bestreichen.

5 Für die Dekoration die Sahne steif schlagen, in einen Spritzbeutel mit kleiner Sterntülle füllen und den Tortenrand damit verzieren. Die Torte etwa 1 Stunde kalt stellen.

6 Vor dem Servieren etwas frische Ananas schälen und in sehr dünne Scheiben schneiden. Die Scheiben bis zur Mitte einschneiden und zu kleinen Tütchen zusammendrehen. Je ein Ananastütchen auf jedes Tortenstück setzen. Die Kokoschips ohne Fett hellbraun rösten, darüber streuen.

♥ *Für diese Torte können Sie auch frische Ananas verwenden. Schälen Sie die Ananas dick, so dass auch die „Augen" entfernt werden und stechen Sie den harten Strunk bei jeder Scheibe mit einem kleinen Ringausstecher aus.*

Fruchtig und saftig

Nussig und schokoladig

Möhren sind wandelbar von der Suppe bis zum Salat. Am leckersten schmecken sie aber als „Rüblitorte" – eine Spezialiät aus der Schweiz.

Möhrentorte mit Zitronencreme

Dekoration
- 25 g Puderzucker
- 100 g Marzipanrohmasse (oder 8-12 Marzipanmöhrchen, Fertigprodukt)
- Speisefarbe (rot, gelb, grün)
- 20 g gehackte Pistazien

Biskuitmasse
- 225 g Möhren
- abgeriebene Schale von 1 Bio-Orange
- 200 g gemahlene Haselnüsse
- ½ Päckchen Backpulver
- 3 Eier (Größe M)
- 150 g Zucker

Creme
- 200 g Frischkäse
- 2 EL Zucker
- abgeriebene Schale von 1-2 Bio-Zitronen
- 100 g Sahne

- *Springform 20 cm Ø*

Schwierigkeit: einfach
Zubereitung: 1 Stunde
Backzeit: 25-30 Minuten
Ruhezeit: 12 Stunden

1. Für die Dekoration den Puderzucker auf eine Arbeitsfläche sieben und mit der Marzipanrohmasse verkneten. Dann 1-2 EL Marzipanrohmasse mit einigen Tropfen grüner Speisefarbe verkneten.

2. Übriges Marzipan mit gelber und roter Farbe orange einfärben und 12 kleine dicke Röllchen formen (ca. 3 cm lang), dabei ein Ende zu einer Spitze rollen. Die Möhrchen mit einem kleinen Messer quer einkerben.

3. Die grüne Marzipanmasse in 12 Portionen teilen und zu kleinen, spitzen Kegeln formen. Die Kegel an die dicken Möhrchenenden drücken. Die Möhrchen trocknen lassen.

4. Den Backofen auf 180 °C (Umluft 160 °C) vorheizen. Die Form fetten und mit Mehl bestäuben.

5. Für die Biskuitmasse die Möhren schälen, fein raspeln und mit Orangenschale mischen. Die Nüsse mit Backpulver mischen, die Möhrenraspel untermischen. Die Eier trennen. Eigelb mit 75 g Zucker weiß-schaumig schlagen. Möhren-Nuss-Mischung unterheben. Eiweiß steif schlagen, dabei den übrigen Zucker einrieseln lassen und unterheben. Den Teig in die Form füllen und im heißen Ofen (Mitte) ca. 25-30 Minuten backen. Herausnehmen und auskühlen lassen. Dann vorsichtig aus der Form lösen.

6. Für die Creme Frischkäse mit Zucker und Zitronenschale verrühren. Die Sahne steif schlagen und unterheben. Die Frischkäsecreme auf der Torte verstreichen und mit Marzipanmöhrchen und Pistazien garnieren.

♥ *Lassen Sie diese Torte mindestens einen Tag durchziehen – dann schmeckt sie richtig saftig. Kurz vorm Servieren mit der Creme bestreichen. Gut gekühlt hält sie sich mehrere Tage.*

Unverzichtbar für diesen Klassiker ist der Biskuitboden. Bei seiner Zubereitung muss es Schlag auf Schlag gehen – dann wird er locker und leicht.

Nusssahnetorte

Biskuitmasse
- » 3 Eier (Größe M)
- » 100 g Zucker
- » 65 g Mehl
- » ½ Päckchen Backpulver
- » 65 g gemahlene Nüsse (z. B. Walnüsse, Haselnüsse oder Mandeln)
- » 3–4 EL Nusslikör zum Beträufeln (nach Belieben)
- » 120 g Himbeerkonfitüre zum Bestreichen

Füllung und Dekoration
- » 2–3 EL Haselnussblättchen
- » 600–700 g Sahne
- » 1 EL Zucker
- » 100 g gehackte Haselnüsse
- » Haselnusskrokant

- » *Springform 20 cm ⌀*

Schwierigkeit: einfach
Zubereitung: 45 Minuten
Backzeit: 20–25 Minuten
Kühlzeit: 1 Stunde

1 Den Backofen auf 190 °C (Umluft 170 °C) vorheizen. Den Boden der Form mit Backpapier auslegen.

2 Für die Biskuitmasse die Eier trennen. Eigelb weiß-schaumig schlagen, dabei den Zucker einrieseln lassen. Mehl und Backpulver mischen. Auf die Eigelbmasse sieben. Eiweiß steif schlagen und zusammen mit den Nüssen zugeben und alles vorsichtig unterheben. Den Teig in die Form füllen und im heißen Ofen (Mitte) ca. 20–25 Minuten backen. Herausnehmen und auskühlen lassen. Dann vorsichtig aus der Form lösen und zweimal waagerecht durchschneiden.

3 Die Böden nach Belieben mit Likör beträufeln. Den unteren Boden auf eine Tortenplatte legen und mit einem Tortenring umschließen. Mit der Hälfte der Himbeerkonfitüre bestreichen.

4 Für die Dekoration die Haselnussblättchen in einer beschichteten Pfanne ohne Fett goldbraun rösten. Herausnehmen, abkühlen lassen.

5 Für die Haselnusssahne 300 g Sahne mit Zucker steif schlagen. Die Haselnüsse unterheben. Die Hälfte der Sahne auf den unteren Tortenboden streichen. Den zweiten Boden auflegen, mit übriger Konfitüre und übriger Nusssahne bestreichen. Den dritten Boden auflegen.

6 Die übrige Sahne steif schlagen und die Torte ringsum dünn damit bestreichen. Übrige Sahne in einen Spritzbeutel mit großer Lochtülle füllen und die Torte damit dekorieren, mit Haselnussblättchen und -krokant bestreuen. Die Torte gut gekühlt servieren.

Saftiger Kokosboden mit einer feinen Füllung aus Sahne und Himbeerkonfitüre: eine Torte für Anfänger und solche, die das Einfache lieben.

Kokostorte

Rührteig
- 90 g weiche Butter
- 135 g Zucker
- 3 Eier (Größe M)
- 1 Päckchen Vanillezucker
- 150 g Mehl
- 1 TL Backpulver
- 30 g Mandelpuddingpulver
- 3 EL Milch
- 60 g Kokosraspel
- 2–3 EL Kokos- oder Mandellikör zum Beträufeln (nach Belieben)

Füllung
- 400 g Sahne
- 4–5 EL Himbeerkonfitüre

Dekoration
- Kokos-Chips
- kleine Zuckerherzen

- *Springform 20 cm ⌀*

1 Den Backofen auf 180 °C (Umluft 160 °C) vorheizen. Die Form fetten und mit Mehl bestäuben.

2 Für den Rührteig die Butter mit etwas Zucker weiß-schaumig schlagen. Die Eier einzeln zugeben und sorgfältig unterrühren. Übrigen Zucker und Vanillezucker dazugeben. Mehl, Backpulver und Puddingpulver mischen. Nach und nach mit der Milch zur Buttermasse geben und sorgfältig unterrühren. Zuletzt die Kokosraspel unterheben. Den Teig in die Form füllen und im heißen Ofen (Mitte) ca. 30 Minuten backen.

3 Herausnehmen und auskühlen lassen. Dann vorsichtig aus der Form lösen und den Boden einmal waagerecht durchschneiden. Den unteren Boden nach Belieben mit Likör beträufeln.

4 Für die Füllung die Sahne steif schlagen. Konfitüre und die Hälfte der Sahne darauf streichen. Den zweiten Boden auflegen, leicht andrücken. Die Torte mit der übrigen Sahne ringsum überziehen, mit Kokos-Chips und Zuckerherzen bestreuen.

Schwierigkeit: einfach
Zubereitung: 30 Minuten
Backzeit: 30 Minuten

Die Torte mit zartem Schokoladenboden, dick mit Sahne bestrichen und mit köstlichem Eierlikör beträufelt, darf auf keiner Kaffeetafel fehlen.

Schokoladentorte mit Eierlikör-Vanillesahne

Rührteig
- 60 g weiche Butter
- 60 g Zucker
- 3 Eier (Größe M)
- 1 Prise Salz
- 75 g Zartbitterschokolade
- 150 g gemahlene Haselnüsse
- ½ TL Backpulver
- 2-3 EL Aprikosenkonfitüre zum Bestreichen

Eierlikörsahne
- 200 g Sahne
- 1 Päckchen Vanillezucker
- 2-3 EL Eierlikör

Dekoration
- 100-150 g Sahne
- Schokostreusel zum Verzieren
- Eierlikör zum Beträufeln

- Springform 20 cm ⌀

Schwierigkeit: einfach
Zubereitung: 40 Minuten
Backzeit: 30 Minuten

1 Den Backofen auf 180 °C (Umluft 160 °C) vorheizen. Die Form fetten und mit Mehl bestäuben.

2 Für den Rührteig die Butter mit etwas Zucker weiß-schaumig schlagen, dabei den übrigen Zucker nach und nach einrieseln lassen. Die Eier trennen. Eigelb zur Buttermasse geben und sorgfältig unterrühren. Eiweiß mit Salz steif schlagen.

3 Die Schokolade fein hacken. Haselnüsse und Backpulver mischen, mit Eischnee zur Buttermasse geben, alles mit einem Teigspatel vorsichtig unterheben. Den Teig in die Form füllen und im heißen Ofen (Mitte) ca. 30 Minuten backen. Herausnehmen und auskühlen lassen. Dann vorsichtig aus der Form lösen.

4 Den Boden mit einem Tortenring umschließen. Für die Eierlikörsahne die Sahne mit Vanillezucker steif schlagen, dabei 2-3 EL Eierlikör einlaufen lassen. Den Boden mit Aprikosenkonfitüre bestreichen. Die Eierlikörsahne dick darauf streichen.

5 Für die Dekoration die Sahne steif schlagen, in einen Spritzbeutel mit großer Lochtülle füllen und 8-12 Sahnetuffs an den Rand der Torte setzen. Die übrige Sahne rings um den Tortenrand streichen. Die Torte mit Schokostreuseln bestreuen und mit Eierlikör beträufeln.

Eine süße Verführung für alle Erwachsenen – Rotwein passt nicht nur in flüssiger Form zu Schokolade.

Schokoladentorte mit fruchtiger Rotweincreme

Rührteig
- 100 g weiche Butter
- 100 g Zucker
- 2 Eier (Größe M)
- 125 g Mehl
- ½ Päckchen Backpulver
- ½ TL Kakaopulver
- 60 ml Rotwein
- 50 g Zartbitterschokolade (mindestens 70 % Kakaoanteil)

Creme und Dekoration
- 5 Blatt rote Gelatine
- 170 ml Rotwein
- 2 EL rotes Johannisbeergelee
- 330 g Sahne
- 6 EL Puderzucker
- abgeriebene Schale von ½ Bio-Zitrone
- Vollmilchschokolade

- Springform 20 cm Ø

Schwierigkeit: mittel
Zubereitung: 1 Stunde
Backzeit: 30 Minuten
Kühlzeit: 2 Stunden

1 Den Backofen auf 175 °C (Umluft 155 °C) vorheizen. Die Form fetten und mit Mehl bestäuben.

2 Für den Rührteig die Butter mit etwas Zucker weiß-schaumig schlagen. Die Eier zugeben und sorgfältig unterrühren. Übrigen Zucker dazugeben. Mehl mit Backpulver und Kakaopulver mischen. Nach und nach mit dem Rotwein zur Buttermasse geben und sorgfältig unterrühren. Die Schokolade fein hacken und unterheben. Den Teig in die Form füllen und im heißen Ofen (Mitte) ca. 30 Minuten backen. Herausnehmen und auskühlen lassen. Dann vorsichtig aus der Form lösen.

3 Für die Creme die Gelatine nach Packungsanleitung einweichen. Den Rotwein mit Johannisbeergelee verrühren und in einem kleinen Topf zum Kochen bringen. Vom Herd nehmen, die Gelatine ausdrücken und darin auflösen. Etwas abkühlen lassen, 2–3 EL davon zum Verzieren abnehmen. Sobald das Rotwein-Johannisbeer-Gelee beginnt fest zu werden, die Sahne mit Puderzucker und Zitronenschale steif schlagen und unterheben.

4 Den Tortenboden einmal waagerecht halbieren. Den unteren Boden auf eine Tortenplatte setzen und mit einem Tortenring umschließen. Die Hälfte der Rotweincreme darauf geben, glatt streichen. Den oberen Boden auflegen, leicht andrücken. Die Torte mit der übrigen Rotweincreme überziehen.

5 Für die Dekoration das beiseite gestellte Rotwein-Johannisbeergelee gegebenenfalls nochmals kurz erhitzen und mit einem kleinen Löffel auf die Torte träufeln. Mit einem Messer von der Schokolade feine Flöckchen abschaben und an den Rand der Torte streuen. Die Torte vor dem Servieren etwa 2 Stunden kalt stellen und fest werden lassen.

Diese Torte ist ein süßer Sahnetraum. Nicht weniger als drei knusprige Baiserböden werden mit einer zarten Mousse aus zweierlei Schokolade übereinander geschichtet.

Baisertorte mit weißer und dunkler Mousse

Weiße Mousse
- 2 Blatt weiße Gelatine
- 180 g weiße Schokolade
- 1 Ei (Größe M)
- 250 g Sahne

Dunkle Mousse
- 2 Blatt weiße Gelatine
- 130 g Zartbitterschokolade (mindestens 70% Kakaoanteil)
- 1 Ei (Größe M)
- 300 g Sahne

Baisermasse
- 4 Eiweiß (Größe M)
- 200 g Zucker

Dekoration
- 50 g weiße Kuvertüre
- 50 g dunkle Kuvertüre

- Springform 20 cm Ø

Schwierigkeit: einfach
Zubereitung: 25 Minuten
Backzeit: 90 Minuten (pro Backvorgang)
Kühlzeit: 2 Stunden

1 Für die weiße Mousse die Gelatine in kaltem Wasser einweichen. Die Schokolade hacken und im warmen Wasserbad schmelzen. Das Ei mit 1 EL Wasser ca. 30 Sekunden im warmen Wasserbad aufschlagen. Die Gelatine ausdrücken und in der warmen Eiercreme auflösen. Die geschmolzene Schokolade unterrühren und 30 Minuten kalt stellen.

2 Inzwischen die dunkle Mousse ebenso zubereiten. Die Schokocreme jedoch nur kurz abkühlen lassen, dann die Sahne steif schlagen und unterheben. Die Sahne für die weiße Mousse steif schlagen und unter die weiße Creme heben. Die Mousse für etwa 2 Stunden kalt stellen und fest werden lassen.

3 Den Backofen auf 120 °C (Umluft 100 °C) vorheizen. Den Boden der Form mit Alufolie auslegen und dünn mit Butter bepinseln.

4 Für die Baisermasse Eiweiß steif schlagen. Dann unter weiterem Schlagen den Zucker einrieseln lassen. Weiter schlagen bis die Masse fest und glänzend ist. Ein Drittel des Eischnees in die Form geben, glatt verstreichen. Im heißen Ofen (Mitte) ca. 1 Stunde 30 Minuten mehr trocknen als backen. Aus dem übrigen Eischnee ebenso nacheinander 2 Baiserböden backen. Alternativ mit Hilfe der Springform auf einen Bogen Backpapier 2 Kreise und auf einen weiteren Bogen 1 Kreis von je 20 cm Durchmesser aufzeichnen. Den Eischnee in die vorgezeichneten Kreise streichen und die Böden im heißen Ofen (Umluft 100 °C, unten und zweite Schiene von oben) ca. 90 Minuten mehr trocknen als backen.

5 Kurz vor dem Servieren die dunkle Mousse auf einen der Baiserböden streichen. Den zweiten Boden auflegen und mit der hellen Mousse bestreichen. Den dritten Boden auflegen und etwas festdrücken. Von der Kuvertüre mit einem Sparschäler feine Späne abschaben und auf die Torte streuen. Dann sofort servieren (bei längerem Aufbewahren weichen die Baiserböden auf).

♥ *Die Böden schon am Vortag backen (trocken aufbewahren) und kurz vor dem Servieren mit zarter Mousse übereinander schichten.*

*Knuspriger Krokant umhüllt von feiner Schokoladencreme.
Die Krone aus goldgelbem Karamell wird Ihre Gäste beeindrucken.*

Schokoladentorte mit Mandelkrokantcreme

Biskuitmasse
- » 3 Eier (Größe M)
- » 100 g Zucker
- » 60 g Mehl
- » 60 g gemahlene Mandeln

Creme
- » 60 g Zartbitterschokolade (mind. 70% Kakaoanteil)
- » 260 ml Milch
- » 30 g Speisestärke
- » 60 g Zucker
- » 60 g Puderzucker
- » 80 g gemahlene Mandeln
- » 100 g weiche Butter

Guss
- » 100 g Puderzucker
- » 20 g Kakaopulver
- » 15 g Kokosfett (z. B. Palmin)

Dekoration
- » 75 g Zucker

- » Springform 20 cm Ø

Schwierigkeit: mittel
Zubereitung: 1 Stunde
Backzeit: 35 Minuten
Kühlzeit: etwa 1–2 Stunden

1 Den Backofen auf 175 °C (Umluft 160 °C) vorheizen. Den Boden der Form mit Backpapier auslegen.

2 Für die Biskuitmasse die Eier trennen. Eiweiß steif schlagen. Dann den Zucker einrieseln lassen, weiter schlagen bis die Masse fest und glänzend ist. Eigelb glatt rühren und unterziehen. Das Mehl sieben und mit den gemahlenen Mandeln mischen, locker unter den Eischnee heben. Den Teig in die Form füllen und im heißen Ofen (Mitte) etwa 35 Minuten backen. Herausnehmen, aus der Form lösen und auf ein Kuchengitter stürzen, auskühlen lassen.

3 Für die Creme die Schokolade grob hacken. Die Hälfte der Milch in einem kleinen Topf erhitzen und die Schokolade darin schmelzen. Die übrige Milch mit Stärke und Zucker verrühren. Zur Schokomilch gießen und unter Rühren kurz aufkochen lassen. In eine Schüssel füllen und erkalten lassen, dabei gelegentlich umrühren, damit sich keine Haut bildet.

4 Inzwischen für den Krokant ein Backblech dünn mit etwas Öl bestreichen. Den Puderzucker sieben und in einem kleinen Topf bei kleiner Hitze goldbraun karamellisieren. Die Mandeln unterrühren. Den Mandelkrokant auf das Blech gießen, glatt streichen und erstarren lassen. Dann vom Blech lösen und fein hacken.

5 Die Butter weiß-schaumig schlagen und esslöffelweise unter den erkalteten Schokopudding rühren. Dann den zerkleinerten Krokant unterheben. Den Tortenboden zweimal waagerecht durchschneiden und mit der Schoko-Krokant-Creme füllen.

6 Für den Guss Puderzucker und Kakaopulver mischen. Das Kokosfett schmelzen, etwas abkühlen lassen, dann mit 1–2 EL heißem Wasser unter die Puderzuckermischung rühren. Die Torte damit sofort dünn überziehen, kalt stellen und fast fest werden lassen, ca. 1–2 Stunden.

7 Für die Dekoration Backpapier neben den Herd legen, denn beim Karamellisieren muss es schnell gehen. Den Zucker in eine Pfanne geben und erhitzen, nicht rühren. Der Zucker wird flüssig. Sobald er die goldene Farbe von Karamell hat, den Topf von der Herdplatte ziehen und mit einer Gabel prüfen, ob das Karamell zäh ist und Fäden bildet. Falls es noch zu flüssig ist, einfach noch ein bisschen abkühlen lassen. Erst dann mit der Gabel Fäden aus dem Topf auf das Backpapier spinnen. Die Torte mit den Karamellfäden garnieren.

Nussig und schokoladig

Die Pariser Creme verdankt ihren Namen einem Fehler eines Konditorlehrlings. Doch die so entstandene „Ganache" avancierte schnell zu einer köstlichen Zutat für Torten und Co.

Mascarponetorte mit dunkler Ganache

Biskuitmasse
- 100 g Butter
- 3 Eier (Größe M)
- 2 EL Milch
- 1 Prise Salz
- 100 g Zucker
- 125 g Mehl
- 1 TL Backpulver
- 20 g Kakaopulver
- 2 EL schwarzes Johannisbeergelee zum Bestreichen

Füllung (Pariser Creme)
- 150 g Mascarpone
- 25 g Zucker
- ½ Päckchen Vanillezucker
- 180 g Sahne
- ½ Päckchen Sahnefestiger

Glasur
- 150 g dunkle Kuvertüre
- 200 g Sahne

- Springform 20 cm Ø

Schwierigkeit: anspruchsvoll
Zubereitung: 45 Minuten
Backzeit: 40 Minuten
Kühlzeit: 3 Stunden

1 Den Backofen auf 180 °C (Umluft 160 °C) vorheizen. Den Boden der Form mit Backpapier auslegen.

2 Für die Biskuitmasse die Butter schmelzen, abkühlen lassen. Die Eier trennen. Eigelb mit Milch und Salz weiß-schaumig schlagen, dabei den Zucker einrieseln lassen. Mehl, Backpulver und Kakaopulver mischen, auf die Eigelbmasse sieben und unterheben. Ist der Teig zu fest noch etwas Milch zugeben. Dann die Butter in dünnem Strahl zugießen und unterrühren. Eiweiß steif schlagen, unterheben. Den Teig in die Form füllen und im heißen Ofen (Mitte) ca. 40 Minuten backen. Herausnehmen, aus der Form nehmen und auf einem Kuchengitter auskühlen lassen.

3 Für die Füllung Mascarpone mit Zucker und Vanillezucker glatt verrühren. Sahne mit Sahnefestiger steif schlagen, unterheben. Den Tortenboden zweimal waagerecht durchschneiden. Den untersten Boden auf eine Tortenplatte legen und mit einem Tortenring umschließen. Den Boden mit dem Johannisbeergelee bestreichen. Die Hälfte der Creme darauf verteilen, glatt streichen. Den zweiten Boden auflegen und die übrige Creme darauf streichen. Den dritten Boden auflegen.

4 Für den Überzug die Kuvertüre grob hacken. Die Sahne in einem kleinen Topf erhitzen, Kuvertüre zugeben und darin schmelzen. Die Masse in eine hohe Schüssel füllen und abkühlen lassen. Dann mit einem Pürierstab dunkelcremig rühren. Die Torte damit ringsum einstreichen, ca. 2–3 Stunden kalt stellen und die Ganache fest werden lassen.

♥ *Schichten Sie diese Torte am besten schon am Vortag in die Form (oder Tortenring). So kann sie gut durchziehen und wird schön stabil. Die äußere Hülle aus Ganache wird erst am nächsten Tag auf die Torte gestrichen.*

Nussig und schokoladig

*Eine Schokoladentorte, die es in sich hat.
Der Wachmacher für Ihre Kaffeetafel!*

Mokka-Schokoladentorte

Biskuitmasse
- » 4 Eier (Größe M)
- » 225 g Zucker
- » 1 Päckchen Vanillezucker
- » 120 g Mehl
- » 120 g Speisestärke
- » 1 TL Backpulver
- » 1 Prise Salz

Füllung
- » 100 g Vollmilchschokolade
- » 100 g Zartbitterschokolade (mindestens 70% Kakaoanteil)
- » 375 g Sahne
- » 3 TL lösliches Espressopulver

Dekoration
- » 50 g Zartbitterschokolade (mindestens 70% Kakaoanteil)
- » 8–12 Mokkabohnen

- » *Springform 20 cm Ø*

Schwierigkeit: mittel
Zubereitung: 1 Stunde
Backzeit: 15 Minuten
Kühlzeit: 6–8 Stunden

1 Den Backofen auf 190 °C (Umluft 170 °C) vorheizen. Den Boden der Form mit Backpapier auslegen.

2 Für die Biskuitmasse die Eier trennen. Eigelb hell-cremig schlagen. Dabei Zucker und Vanillezucker einrieseln lassen. Mehl mit Speisestärke und Backpulver mischen. Eiweiß mit Salz steif schlagen. Eischnee und etwas von der Mehlmischung zur Eigelbmasse geben und vorsichtig mit einem Teigschaber unterheben, nach und nach die übrige Mehlmischung darauf sieben und unterheben. Den Teig in die Form füllen und im heißen Ofen (Mitte) ca. 10–15 Minuten backen. Herausnehmen und auskühlen lassen. Dann vorsichtig aus der Form lösen.

3 Für die Füllung die Schokolade grob hacken. Mit Sahne und Espressopulver in einen kleinen Topf geben und bei kleiner Hitze unter Rühren darin schmelzen. Die Schoko-Mokka-Sahne in eine Schüssel geben, abkühlen lassen. Dann im Kühlschrank fest werden lassen (am besten über Nacht).

4 Die Masse mit den Schlagbesen des Rührgerätes cremig aufschlagen. Etwas Creme für die Verzierung in einen Spritzbeutel mit Sterntülle füllen. Den Tortenboden zweimal waagerecht durchschneiden. Ein Drittel der Schoko-Mokka-Creme auf dem unteren Tortenboden glatt streichen. Den zweiten Boden auflegen, ein weiteres Drittel Creme darauf streichen. Den letzten Boden auflegen und die Torte ringsum mit der übrigen Creme überziehen.

5 Für die Dekoration die Schokolade im warmen Wasserbad schmelzen. Dünn auf eine eisgekühlte Marmorplatte oder Backpapier streichen, fest werden lassen. Inzwischen die übrige Creme in großen Tupfen auf die Torte spritzen, mit je einer Mokkabohne verzieren. Die Schokolade in Spänen von der Platte schaben und auf die Mitte der Torte streuen. Am besten gut gekühlt servieren.

Nussig und schokoladig

Walnüsse, Karamell und Nougat – eine unschlagbare Liaison aus dem Besten was die Backstube zu bieten hat.

Nougattorte mit Walnüssen und Karamellsauce

Biskuitmasse
- *5 Eier (Größe M)*
- *1 Prise Salz*
- *170 g Zucker*
- *100 g Zartbitterschokolade (mindestens 70% Kakaoanteil)*
- *100 g Butter*
- *50 g Mehl*
- *50 g gemahlene Walnüsse*

Füllung und Belag
- *100 g Walnusskerne*
- *1–1 ½ EL neutrales Pflanzenöl*
- *110 g Zucker*
- *135 g Nuss-Nougat*
- *225 g Ricotta*
- *400 g Sahne*
- *1 ½ Päckchen Sahnefestiger*

Dekoration
- *150–200 g dunkle Kuvertüre*

Karamellsauce
- *50 g Zucker*

- *Springform 20 cm Ø*

Schwierigkeit: mittel
Zubereitung: 45 Minuten
Backzeit: 45 Minuten
Kühlzeit: 1 Stunde

1 Den Backofen auf 170 °C (Umluft 150 °C) vorheizen. Den Boden der Form mit Backpapier auslegen.

2 Für die Biskuitmasse die Eier trennen. Eiweiß mit Salz steif schlagen. Dann ca. 80 g Zucker langsam einrieseln lassen. Weiter schlagen bis die Masse fest und glänzend ist. Eigelb mit dem übrigen Zucker weiß-cremig schlagen. Die Schokolade grob hacken und mit der Butter im Wasserbad schmelzen. In dünnem Strahl zur Eigelbmasse geben, dabei vorsichtig unterrühren. Den Eischnee darauf geben und unterheben. Das Mehl darauf sieben und mit den Walnüssen locker unterheben. Den Teig in die Form füllen und im heißen Ofen (Mitte) ca. 45 Minuten backen. Herausnehmen, aus der Form lösen und auf einem Kuchengitter auskühlen lassen.

3 Für die Creme die Nüsse grob hacken. Öl und Zucker in einer Pfanne unter Rühren erhitzen, bis ein hellbrauner Karamell entstanden ist. Die Nüsse unterrühren. Den Nusskaramell auf Backpapier geben und auskühlen lassen, dann grob hacken. Das Nuss-Nougat über dem warmen Wasserbad schmelzen. Etwas abkühlen lassen, dann mit dem Ricotta glatt verrühren. Die Sahne mit Sahnefestiger steif schlagen. Die Sahne nach und nach unter die Nougatmasse heben.

4 Den Tortenboden zweimal waagerecht durchschneiden. Den unteren Boden auf eine Tortenplatte setzen. Ein Drittel der Nougatcreme darauf streichen und mit etwas Nusskaramell bestreuen. Den zweiten Boden auf legen. Mit einem weiteren Drittel Creme bestreichen und mit etwas Nusskaramell bestreuen. Den dritten Boden auf legen, leicht andrücken. Die Torte mit der übrigen Creme ringsum überziehen und mit übrigem Nusskaramell bestreuen.

5 Für die Dekoration die Kuvertüre grob hacken, im warmen Wasserbad schmelzen. Mit einer Tortenpalette oder einem Löffelrücken ovale Blättchen auf ein Backpapier streichen. Fest werden lassen. Dann vorsichtig ablösen und an den Rand der Torte stellen. Die Torte ca. 1 Stunde kalt stellen.

6 Für die Karamellsauce den Zucker mit 50 ml Wasser in einem kleinen Topf zum Kochen bringen, bei mittlerer Hitze 5-10 Minuten hellbraun sirupartig einkochen lassen. Etwas abkühlen lassen dann über die Torte träufeln.

Klassisch und festlich

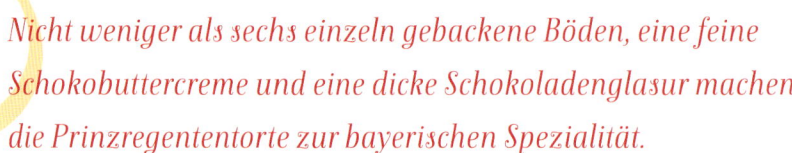

Nicht weniger als sechs einzeln gebackene Böden, eine feine Schokobuttercreme und eine dicke Schokoladenglasur machen die Prinzregententorte zur bayerischen Spezialität.

Prinzregententorte

Rührteig
- 190 g weiche Butter
- 190 g Zucker
- ½ Päckchen Vanillezucker
- 3 Eier (Größe M)
- 190 g Mehl
- ½ TL Backpulver
- 3 EL Aprikosenkonfitüre zum Bestreichen

Creme
- 190 g weiche Butter
- 130 g Puderzucker
- 3 Eigelb (Größe M)
- 75 g Zartbitterschokolade

Überzug und Glasur
- 120 g Marzipanrohmasse
- 2 TL Puderzucker plus Puderzucker für die Arbeitsfläche
- 180 g dunkle Kuvertüre
- 2 TL neutrales Pflanzenöl

- *Springform 20 cm ⌀*

Schwierigkeit: anspruchsvoll
Zubereitung: 75 Minuten
Backzeit: 5–8 Minuten (pro Boden)
Kühlzeit: 3 Stunden

1 Den Backofen auf 185 °C (Umluft 165 °C) vorheizen. Den Boden der Form mit Backpapier auslegen.

2 Für den Rührteig die Butter weiß-schaumig schlagen, dabei nach und nach Zucker und Vanillezucker einrieseln lassen. Die Eier trennen. Das Eiweiß steif schlagen. Das Eigelb zur Buttermasse geben, etwa 1 Minute auf höchster Stufe unterrühren. Mehl und Backpulver mischen. Mit dem Eischnee nach und nach zur Buttermasse geben, vorsichtig unterheben.

3 Aus dem Teig nacheinander 7 dünne Böden backen. Dafür etwa 2 EL Teig auf dem Boden der Springform gleichmäßig verstreichen und im heißen Ofen jeweils ca. 5–8 Minuten hellbraun backen. Herausnehmen, den Boden sofort aus der Form lösen und auf einem Kuchengitter auskühlen lassen, dann das Backpapier abziehen. Für jeden weiteren Boden die Form erneut am Boden mit Backpapier auslegen.

4 Für die Creme die Butter weiß-schaumig schlagen, dabei nach und nach Puderzucker und Eigelbe zugeben. Die Schokolade hacken und im warmen Wasserbad schmelzen. In dünnem Strahl, unter ständigem Rühren zur Buttercreme geben.

5 Die Tortenböden jeweils dünn mit der Schoko-Butter-Creme bestreichen (den obersten Boden nicht bestreichen), dabei gut ein Viertel zurückbehalten. Die Böden aufeinandersetzen. Den obersten Boden mit Aprikosenkonfitüre bestreichen, kurz antrocknen lassen. Dann die Torte ringsum mit der übrigen Creme überziehen, mindestens 1 Stunde kalt stellen und fest werden lassen.

6 Für den Überzug das Marzipan mit Puderzucker verkneten und auf einer dünn mit Puderzucker bestäubten Arbeitsfläche in Tortengröße (ca. 20 cm ⌀) ausrollen. Die Marzipandecke auf die Torte legen. Für die Glasur die Kuvertüre grob hacken, mit Öl im warmen Wasserbad schmelzen. Die Torte damit ringsum überziehen. Vor dem Servieren ca. 2 Stunden kalt stellen.

♥ *Das Backen der einzelnen Böden macht zwar etwas Arbeit, aber die fertige Torte schmeckt dann umso besser, da jeder Boden aromatisch gebräunt ist. Diese Torte ist auch ideal zum Mitnehmen zu einer Geburtstagsfeier oder zum Picknick.*

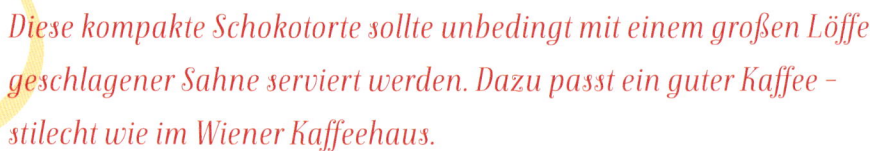

Diese kompakte Schokotorte sollte unbedingt mit einem großen Löffel geschlagener Sahne serviert werden. Dazu passt ein guter Kaffee – stilecht wie im Wiener Kaffeehaus.

Sachertorte

Rührteig
- » 190 g weiche Butter
- » 190 g Zucker
- » 6 Eier (Größe M)
- » 150 g Zartbitterschokolade
- » 20 g Mehl
- » ½ gestrichener TL Backpulver
- » 75 g gemahlene Mandeln
- » 75 g Semmelbrösel
- » 120 g Aprikosenkonfitüre

Glasur und Dekoration
- » 45 g Zucker
- » 150 g Zartbitterschokolade
- » 30 g weiße Kuvertüre

- » *Springform 20 cm Ø*

Schwierigkeit: einfach
Zubereitung: 55 Minuten
Backzeit: 30 Minuten
Kühlzeit: 2 Stunden

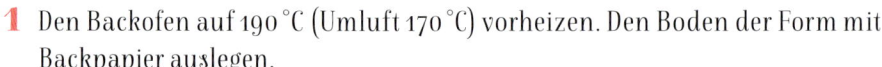

1 Den Backofen auf 190 °C (Umluft 170 °C) vorheizen. Den Boden der Form mit Backpapier auslegen.

2 Für den Rührteig die Butter weiß-schaumig schlagen, dabei nach und nach den Zucker einrieseln lassen. 3 Eier trennen. Eiweiß steif schlagen. Eigelb mit den übrigen Eiern nacheinander zur Buttermasse geben und jeweils etwa 1 Minute unterrühren.

3 Die Schokolade grob hacken und im warmen Wasserbad schmelzen. Mehl und Backpulver mischen. Mit Mandeln, Semmelbrösel und geschmolzener Schokolade zur Butter-Ei-Masse geben, langsam unterrühren. Zuletzt den Eischnee vorsichtig unterheben. Den Teig in die Form füllen und im heißen Ofen (Mitte) ca. 30 Minuten backen. Herausnehmen, aus der Form lösen und auf einem Kuchengitter auskühlen lassen. Dann das Backpapier vorsichtig abziehen.

4 Den Boden einmal waagerecht durchschneiden. Den unteren Boden dick mit Aprikosenkonfitüre bestreichen, den oberen Boden auflegen.

5 Für die Glasur den Zucker mit 3–4 EL Wasser aufkochen. So lange kochen lassen bis sich der Zucker gelöst hat. Die dunkle Schokolade hacken, nach und nach zur Zuckerlösung geben. So lange rühren, bis die Schokolade vollständig geschmolzen ist und der Guss glänzt. Den Guss mittig auf die Torte geben und durch leichtes Rütteln und Aufklopfen der Torte ringsum gleichmäßig verlaufen lassen. Die Glasur etwa 2 Stunden fest werden lassen.

6 Für die Dekoration die Kuvertüre grob hacken und im warmen Wasserbad schmelzen. In ein Papierspritztütchen (siehe Tipp) oder kleinen Gefrierbeutel füllen. Eine kleine Ecke abschneiden und jedes Tortenstück verzieren.

♥ *Eine kleine Spritztüte aus Backpapier kann man schnell basteln. Dafür einen rechteckigen Bogen Backpapier diagonal halbieren und das Dreieck zur Spitztüte zusammenrollen. Spitze abschneiden. Fertig.*

Klassisch und festlich

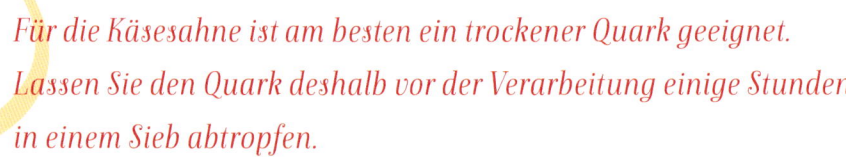

Für die Käsesahne ist am besten ein trockener Quark geeignet. Lassen Sie den Quark deshalb vor der Verarbeitung einige Stunden in einem Sieb abtropfen.

Käsesahnetorte mit frischen Erdbeeren

Biskuitmasse
- » *3 Eier (Größe M)*
- » *1 Prise Salz*
- » *80 g Zucker*
- » *½ Päckchen Vanillezucker*
- » *110 g Mehl*
- » *½ TL Backpulver*

Füllung
- » *300 g Magerquark*
- » *250 g frische Erdbeeren*
- » *4 Blatt weiße Gelatine*
- » *3 Eigelb (Größe M)*
- » *100 g Zucker*
- » *1 TL abgeriebene Zitronenschale*
- » *150 ml Milch*
- » *1 EL Zitronensaft*
- » *300 g Sahne*

Dekoration
- » *Puderzucker*

- » *Springform 20 cm Ø*

Schwierigkeit: mittel
Zubereitung: 75 Minuten
Backzeit: 25–30 Minuten
Kühlzeit: 3 Stunden

1 Für die Füllung den Quark in einem Sieb gut abtropfen lassen. Die Erdbeeren waschen, putzen und trocken tupfen. Den Backofen auf 190 °C (Umluft 170 °C) vorheizen. Den Boden der Form mit Backpapier auslegen.

2 Die Eier trennen. Eiweiß mit Salz steif schlagen. Eigelb hell-cremig schlagen. Dabei Zucker und Vanillezucker einrieseln lassen. Mehl und Backpulver mischen. Den Eischnee und etwas von der Mehlmischung zur Eigelbmasse geben und vorsichtig mit einem Teigschaber unterheben, nach und nach die übrige Mehlmischung darauf sieben und unterheben. Den Teig in die Form füllen und im heißen Ofen (Mitte) ca. 25-30 Minuten backen. Herausnehmen aus der Form lösen, das Backpapier abziehen und auskühlen lassen.

3 Für die Füllung die Gelatine nach Packungsanleitung einweichen. Die Eigelbe mit Zucker und Zitronenschale in einem kleinen Topf verrühren. Die Milch zugießen und gut verrühren. Bei mittlerer Hitze unter ständigem Rühren erhitzen, bis eine dickflüssige Creme entsteht. Den Topf vom Herd nehmen. Die Gelatine ausdrücken und in der warmen Creme auflösen. Dann durch ein Sieb streichen. Dadurch wird die Creme schön zart.

4 Den Quark ebenfalls durch ein Sieb streichen und mit Zitronensaft verrühren. Einige Esslöffel Quark mit der noch warmen Eiercreme verrühren, dann die Masse unter den übrigen Quark rühren, kalt stellen. Sobald die Masse zu gelieren beginnt, die Sahne steif schlagen und unterheben.

5 Den Tortenboden einmal waagerecht durchschneiden. Die untere Bodenhälfte auf eine Tortenplatte setzen und mit einem hohen Tortenring umschließen. Etwas Quarkcreme darauf verstreichen. 8 schöne große Beeren der Länge nach halbieren und mit der Schnittfläche nach außen an den Rand der Torte setzen. Die übrigen Beeren klein schneiden und auf der Tortenmitte verteilen, mit der übrigen Quarkcreme bestreichen. Die zweite Bodenhälfte auf die Füllung legen und leicht andrücken. Die Torte mindestens 3 Stunden kalt stellen. Vor dem Servieren mit Puderzucker bestäuben.

Es muss nicht immer Schwarzwälder Kirschtorte sein! Auch knusprig-zarter Blätterteig harmoniert bestens mit Kirschen und luftig-süßer Sahne.

Holländer Kirschtorte

Böden
- 1 Packung länglicher TK-Blätterteig (450 g)
- 1 Eigelb (Größe M)
- 2 EL Mandelblättchen

Füllung
- 40 g Speisestärke
- 125 ml Sauerkirschsaft
- 1–2 EL Zucker
- 1 Päckchen Vanillezucker
- 1 Packung TK-Sauerkirschen (300 g)
- 4 Blatt weiße Gelatine
- 375 g Sahne
- 1–2 EL Zucker

Dekoration
- 100–150 g Sahne
- 1–2 EL rotes Johannisbeergelee
- 25 g Puderzucker

Schwierigkeit: mittel
Zubereitung: 75 Minuten
Backzeit: 10 Minuten (pro Boden)
Kühlzeit: 1 Stunde

1 Den Backofen auf 200 °C (Umluft 180 °C) vorheizen. Ein Backblech mit Backpapier auslegen.

2 Für die Böden die Blätterteigscheiben nebeneinander auftauen. Je 2 Scheiben etwas übereinander legen und zu je einem Quadrat ausrollen. Die Böden mehrmals mit einer Gabel einstechen, dann 15 Minuten ruhen lassen. Einen der Böden mit Eigelb bepinseln und mit Mandelblättchen bestreuen. Die Böden nacheinander im heißen Ofen (Mitte) je ca. 10 Minuten backen. Herausnehmen und ohne Backpapier auf ein Kuchengitter legen, etwas abkühlen lassen. Dann die Böden noch warm mit einem scharfen Messer in Form schneiden (20 cm Ø). Den Mandelboden in 6–8 Stücke teilen.

3 Für die Kirschfüllung die Speisestärke mit 2–3 EL Saft glatt verrühren. Den übrigen Saft mit Zucker und Vanillezucker in einem kleinen Topf zum Kochen bringen. Die angerührte Stärke unter Rühren zugießen. Die Kirschen zugeben, etwa 1–2 Minuten köcheln lassen. Das Kompott in eine Schüssel füllen und erkalten lassen, dabei gelegentlich durchrühren.

4 Inzwischen die Gelatine nach Packungsanweisung einweichen und auflösen. Die Sahne steif schlagen, dabei den Zucker einrieseln lassen. Etwas Sahne zur Gelatine geben und verrühren. Dann die übrige Sahne zügig unter die Gelatinemischung heben.

5 Einen Blätterteigboden auf eine Tortenplatte setzen und mit einem Tortenring umschließen. Die Kirschen darauf verteilen und die Hälfte der Sahnemasse darauf streichen. Den zweiten Boden darauf legen, leicht andrücken. Die übrige Sahnemasse darauf geben, glatt streichen. Die Torte kalt stellen und fest werden lassen, ca. 1 Stunde.

6 Für die Dekoration die Sahne steif schlagen in einen Spritzbeutel mit großer Loch- oder Sterntülle füllen und 6–8 dicke Sahnetuffs an den Rand der Torte setzen. Je eine Mandel-Blätterteig-Ecke schräg darauf setzen. Das Gelee leicht erwärmen und mit dem Puderzucker glatt verrühren, über die Torte träufeln. Am besten sofort servieren (sonst werden die Blätterteigböden weich).

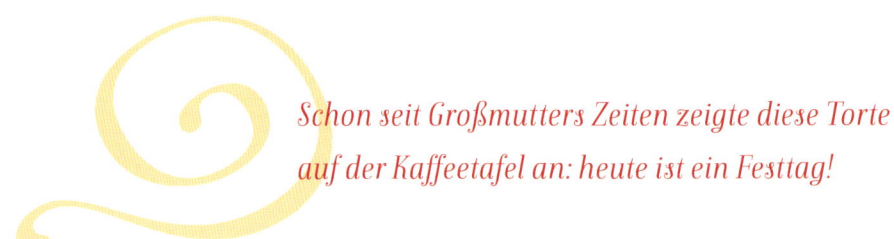

Schon seit Großmutters Zeiten zeigte diese Torte auf der Kaffeetafel an: heute ist ein Festtag!

Schwarzwälder Kirschtorte

Rührteig
- 70 g Zartbitterschokolade (mindestens 70% Kakaoanteil)
- 70 g weiche Butter
- 70 g Zucker
- ½ Päckchen Vanillezucker
- 3 Eier (Größe M)
- 50 g gemahlene Mandeln
- 35 g Mehl
- 35 g Speisestärke
- 1 TL Backpulver
- 4–5 EL Kirschwasser zum Beträufeln (nach Belieben)

Füllung
- 250 g frische Sauerkirschen (alternativ TK-Sauerkirschen)
- 1 gehäufter EL Speisestärke
- 75 ml Kirschsaft
- 3 EL Zucker
- 50 ml Kirschwasser
- 400 g Sahne
- 1 Päckchen Sahnefestiger

Dekoration
- 50 g Zartbitterschokolade (mindestens 70% Kakaoanteil)
- 100–150 g Sahne

- Springform 20 cm ⌀

1 Den Backofen auf 175 °C (Umluft 150 °C) vorheizen. Die Form fetten und mit Mehl bestäuben.

2 Für den Rührteig die Schokolade grob hacken und im warmen Wasserbad schmelzen. Die Butter weiß-schaumig schlagen, dabei Zucker und Vanillezucker einrieseln lassen. Die Eier einzeln nacheinander zugeben und jeweils 1 Minute unterrühren. Mandeln und Schokolade zugeben, unterheben. Mehl, Speisestärke und Backpulver mischen, darüber sieben und unterheben. Den Teig in die Form füllen und im heißen Ofen (Mitte) ca. 45 Minuten backen. Herausnehmen, auskühlen lassen, dann aus der Form lösen.

3 Für die Füllung die Kirschen abspülen, trocken tupfen. 8–12 Kirschen für die Garnitur beiseite legen. Übrige Kirschen entsteinen. Die Stärke mit 2 EL von dem Kirschsaft und 2 EL Zucker verrühren. Übrigen Kirschsaft aufkochen, Kirschen (tiefgekühlte Kirschen unaufgetaut) zugeben. Die angerührte Speisestärke einrühren, 1–2 Minuten kochen lassen. Vom Herd nehmen, 2 TL Kirschwasser unterrühren und abkühlen lassen.

4 Den Tortenboden zweimal waagerecht durchschneiden. Die Böden mit übrigem Kirschwasser beträufeln. Den unteren Boden auf eine Tortenplatte legen und mit einem Tortenring umschließen. Die Sahne mit Sahnefestiger und übrigen Zucker steif schlagen. Den Boden dünn mit Sahne bestreichen und das Kirschkompott darauf verteilen und mit Sahne bestreichen. Den zweiten Boden auflegen, mit einem Drittel der übrigen Sahne bestreichen. Den dritten Boden darauf legen, leicht andrücken. Den Tortenring entfernen. Die Torte mit der übrigen Sahne ringsum einstreichen.

5 Für die Dekoration die Schokolade mit einem Messer oder einer Reibe grob raspeln. Die Sahne steif schlagen, in einen Spritzbeutel mit großer Sterntülle füllen und die Torte mit Sahnetupfen, den beiseite gelegten Kirschen und den Schokoraspeln verzieren.

Schwierigkeit: mittel
Zubereitung: 1 Stunde
Backzeit: 45 Minuten

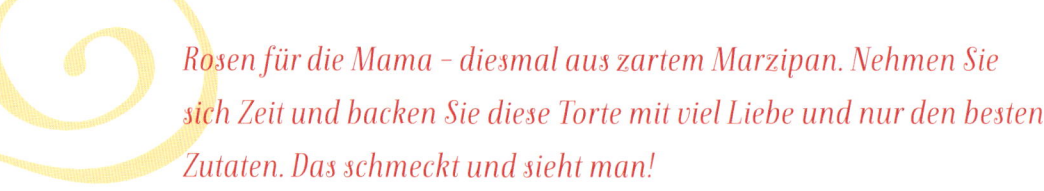

Rosen für die Mama – diesmal aus zartem Marzipan. Nehmen Sie sich Zeit und backen Sie diese Torte mit viel Liebe und nur den besten Zutaten. Das schmeckt und sieht man!

Muttertagstorte mit Orangenbuttercreme

Rührteig
- » 100 g Vollmilchschokolade
- » 115 g weiche Butter
- » 115 g Zucker
- » 2 Eier (Größe M)
- » 210 g Mehl
- » 2 TL Backpulver
- » 65 ml Milch
- » 15 ml Orangenlikör (alternativ Orangensaft)

Creme
- » 100 g Orangenmarmelade
- » 280 g weiche Butter

Decke
- » 200 g Marzipanrohmasse
- » 35 g Puderzucker
- » ½–1 TL rote Speisefarbe

Dekoration
- » 150 g Marzipanrohmasse
- » rote, gelbe und grüne Speisefarbe zum Färben
- » ca. 30 g Puderzucker

» Springform 20 cm Ø

Schwierigkeit: anspruchsvoll
Zubereitung: 90 Minuten
Backzeit: 25 Minuten
Kühlzeit: 9 Stunden (über Nacht)

1 Den Backofen auf 180 °C (Umluft 160 °C) vorheizen. Die Form fetten und mit Mehl bestäuben.

2 Für den Rührteig die Schokolade fein reiben. Die Butter weiß-schaumig schlagen, dabei den Zucker einrieseln lassen. Die Eier einzeln, nacheinander jeweils etwa 1 Minute unterrühren. Mehl und Backpulver mischen, abwechselnd mit Milch, Likör und geriebener Schokolade auf die Butter-Ei-Masse sieben, unterheben. Den Teig in die Form geben und im heißen Ofen (Mitte) ca. 25 Minuten backen. Herausnehmen, auskühlen lassen und aus der Form lösen.

3 Für die Füllung die Marmelade fein pürieren. Mit der Butter ca. 6 Minuten cremig schlagen. Den Tortenboden zweimal waagerecht durchschneiden. Den untersten und den mittleren Boden ca. 4 mm dick mit der Orangenbutter bestreichen. Die Böden aufeinanderlegen, mit dem dritten Boden bedecken. Die Torte ca. 1 Stunde kalt stellen.

4 Die Torte mit der übrigen Orangenbutter bestreichen und mindestens 8 Stunden (am besten über Nacht) kalt stellen.

5 Für die Decke das Marzipan mit Puderzucker und roter Speisefarbe verkneten. Etwas Puderzucker auf eine Arbeitsplatte stäuben und Marzipan darauf dünn (ca. 30 cm Ø) ausrollen. Die Marzipandecke auf die Torte legen, gut andrücken, überstehendes Marzipan abschneiden.

6 Für 3–4 Marzipanrosen je ca. 30 g Marzipan mit einigen Tropfen Speisefarbe (gelb und rot) und etwas Puderzucker verkneten. Dann zwischen zwei Lagen Frischhaltefolie ca. 2 mm dick ausrollen. Je Rose mit einem Ausstechförmchen oder Glas 5–6 kleine Kreise (ca. 4 cm Ø) ausstechen. Einen Kreis eng aufrollen und 4–5 Kreise locker darum legen. Die Blätter dabei etwas nach außen drücken. Die Rose am unteren Ende fest zusammendrücken und flach anschneiden.

7 Für die Rosenblätter übriges Marzipan mit einigen Tropfen grüner Speisefarbe und etwas Puderzucker verkneten. Die Masse zwischen zwei Lagen Frischhaltefolie ca. 2 mm dick ausrollen. Mit einem kleinen Messer ovale Blätter ausschneiden und Blattadern einkerben. Torte mit Rosenblüten und Blättern dekorieren.

Wer sich auf Ostern freut, sollte diese Torte versuchen – ein Augen- und Gaumenschmaus für jedes Brunchbuffet.

Ostertorte mit Nektarinen

Rührteig
- » 4 Eier (Größe M)
- » 1 Prise Salz
- » 115 g Butter
- » 190 g Zucker
- » 190 g Mehl
- » ½ TL Backpulver
- » 75 g gemahlene Mandeln

Füllung
- » 300 g Nektarinen
- » 200 g Aprikosenkonfitüre
- » 2 EL Orangenlikör (oder Orangensaft)

Glasur
- » 100 g weiße Kuvertüre
- » 100 g Sahne

Dekoration
- » ca. 100 g Marzipanrohmasse
- » Puderzucker
- » Speisefarbe in verschiedenen Farben (alternativ Rollfondant)
- » süße Ostereier und Zuckerblüten zum Verzieren

» Springform 20 cm Ø

Schwierigkeit: anspruchsvoll
Zubereitung: 80 Minuten
Backzeit: 20–25 Minuten
Kühlzeit: 2–3 Stunden

1 Den Backofen auf 200 °C (Umluft 180 °C) vorheizen. Die Form fetten und mit Mehl bestäuben.

2 Für den Rührteig die Eier trennen. Eiweiß mit Salz steif schlagen. Die Butter mit etwas Zucker weiß-schaumig schlagen. Eigelb und den übrigen Zucker zugeben und sorgfältig unterrühren. Mehl und Backpulver mischen. Mit den Mandeln zur Butter-Ei-Masse geben und unterrühren. Zuletzt den Eischnee unterheben. Den Teig in die Form geben und im heißen Ofen (Mitte) ca. 20–25 Minuten backen. Herausnehmen und auskühlen lassen. Dann vorsichtig aus der Form lösen.

3 Für die Füllung die Nektarinen in kochendem Wasser blanchieren. Die Haut abziehen, entsteinen und das Fruchtfleisch sehr klein würfeln. Die Aprikosenkonfitüre mit Likör (oder Orangensaft) glatt verrühren, die Nektarinenwürfel dazugeben und untermischen.

4 Den Tortenboden zweimal waagerecht durchschneiden, die Hälfte der Nektarinenmischung darauf streichen. Den zweiten Boden darauf legen und die übrige Fruchtmischung darauf streichen. Den letzten Boden auflegen.

5 Für die Glasur die Kuvertüre grob hacken und im warmen Wasserbad schmelzen. Etwas abkühlen lassen, dann die Sahne unterrühren. Die Torte damit ringsum überziehen. Die Torte kalt stellen, bis die Glasur fest ist, ca. 2–3 Stunden.

6 Inzwischen für die Dekoration das Marzipan in 8 Portionen teilen, mit etwas Puderzucker und einigen Tropfen Speisefarbe verkneten. Die Marzipanmasse zwischen zwei Lagen Frischhaltefolie dünn ausrollen und mit einem Stempelausstecher Blüten ausstechen. Die Torte mit Blüten, Zuckereiern und -blüten dekorieren.

Für alle, die zum Nachmittagskaffee etwas Besonderes auf den Tisch stellen wollen.

Flockentorte mit Pflaumenmus

Brandteig
- » 150 ml Milch
- » 1 Prise Salz
- » 35 g Butter
- » 75 g Mehl
- » 4 Eier (Größe M)

Füllung
- » 400 g Sahne
- » 40 g Zucker
- » 2 Päckchen Sahnefestiger
- » 180 g Pflaumenmus

Schwierigkeit: mittel
Zubereitung: 45 Minuten
Backzeit: 15-20 Minuten (pro Boden)

1 Den Backofen auf 250 °C (Umluft 220 °C) vorheizen.

2 Für den Brandteig Milch mit Salz und Butter aufkochen, das Mehl auf einmal dazu geben und mit einem Kochlöffel kräftig rühren bis sich ein Kloß bildet und sich am Topfboden eine weiße Schicht bildet (nach ca. 3 Minuten). Den Teig in eine Schüssel geben, etwas abkühlen lassen. Dann 3 Eier nacheinander mit dem Knethaken des Rührgerätes unterarbeiten. Das letzte Ei verschlagen und nach und nach zugeben. Der Teig ist fertig, wenn er glänzt und schwer vom Knethaken fällt.

3 Ein Backblech fetten und dünn mit Mehl bestäuben. Einen Kreis von 20 cm Durchmesser auf das Backblech vorzeichnen. Ein Drittel des Teiges in den Kreis füllen und mit einem Tortenheber glatt streichen. Den Boden im heißen Ofen (Mitte) ca. 15-20 Minuten backen.

4 Herausnehmen, gegebenenfalls noch warm in Form schneiden, dann auf einem Kuchengitter auskühlen lassen. Aus dem übrigen Teig zwei weitere Böden ebenso backen. Das Backblech für jeden Boden erneut fetten und mehlen.

5 Für die Füllung die Sahne mit Zucker und Sahnefestiger steif schlagen. Auf den unteren Boden die Hälfte vom Pflaumenmus verteilen, glatt streichen. Die Hälfte der Sahne darauf streichen. Den zweiten Boden auflegen, mit übrigem Pflaumenmus und Sahne bestreichen. Den letzten Boden auflegen und dick mit Puderzucker bestäuben. Am besten sofort servieren (sonst weichen die Brandteigböden auf).

♥ *Die Backofentür während des Backens nicht öffnen, sonst fällt der Brandteig zusammen. Die Torte ganz frisch servieren und sofort genießen!*

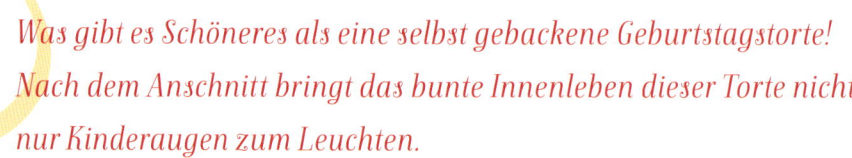

Was gibt es Schöneres als eine selbst gebackene Geburtstagstorte! Nach dem Anschnitt bringt das bunte Innenleben dieser Torte nicht nur Kinderaugen zum Leuchten.

Geburtstagstorte „Regenbogen"

Rührteig
- 190 g weiche Butter
- 320 g Zucker
- 1 Päckchen Vanillezucker
- 4 Eiweiß (Größe M)
- 340 g Mehl
- 2 TL Backpulver
- 1 Prise Salz
- 270 ml Milch
- Speisefarbe (rot, orange, gelb, grün, blau, violett)
- ca. 250 g Erdbeerkonfitüre (oder die Lieblingskonfitüre)

Glasur und Dekoration
- 300 g weiche Butter
- 300 g Puderzucker
- 180 g Joghurt natur
- bunte Zuckerstreusel

- *Springform 20 cm Ø*

Schwierigkeit: mittel
Zubereitung: 45 Minuten
Backzeit: 15 Minuten (pro Boden)
Kühlzeit: 6 Stunden

1 Den Backofen auf 180 °C (Umluft 160 °C) vorheizen. Die Form fetten und mit Mehl bestäuben.

2 Für den Rührteig die Butter mit Zucker und Vanillezucker weiß-schaumig schlagen. Eiweiß nach und nach zugeben und unterrühren, bis eine cremige Masse entstanden ist. Mehl, Backpulver und Salz mischen. Nach und nach auf die Buttermasse sieben und unterrühren, dabei die Milch langsam zugießen.

3 Den Teig in 6 Teile teilen und auf 6 Schüsseln verteilen. Jeden Teig mit einigen Tropfen Speisefarbe (rot, orange, gelb, grün, blau, violett) einfärben. Die einzelnen Teige nacheinander im heißen Ofen (Mitte) je ca. 15 Minuten backen. Herausnehmen, etwas abkühlen lassen und aus der Form lösen. Auf einem Kuchengitter vollständig auskühlen lassen. Die Form nach jedem Backen säubern, erneut fetten und mit Mehl bestäuben.

4 Die Konfitüre leicht erwärmen, glatt rühren. Den violett-, blau-, grün-, gelb-, und orangefarbenen Boden mit der Konfitüre dünn bestreichen und in dieser Reihenfolge aufeinandersetzen. Mit dem roten Boden abschließen, leicht andrücken. Die Torte mit Frischhaltefolie abdecken und ca. 4 Stunden kalt stellen.

5 Für die Glasur Butter und Puderzucker mit den Schlagbesen des Rührgerätes ca. 6 Minuten schaumig schlagen. Dann den Joghurt esslöffelweise unterrühren. Die Torte rundum mit der Creme dünn bestreichen. Die übrige Creme in einen Spritzbeutel mit mittlerer Lochtülle füllen und die Torte mit kleinen Tupfen verzieren. Den Tortenrand mit Zuckerstreuseln bestreuen. Vor dem Servieren 1–2 Stunden kalt stellen, bis die Creme fest ist.

♥ *Die Torte ist einige Tage haltbar und kann daher gut im Voraus zubereitet werden. Wem das Färben der Tortenböden zu aufwändig ist, kann stattdessen die Creme zum Verzieren in mehrere Portionen teilen und diese mit einigen Tropfen Speisefarbe bunt einfärben. Dann die Tupfen in farbigen „Regenbogenringen" auf die Torte spritzen.*

Klassisch und festlich

Etwas Besonderes für die weihnachtliche Backstube: eine feine Torte mit edlen Gewürzen, aromatischen Nüssen und einem Hauch Orange.

Weihnachtliche Gewürztorte

Biskuitmasse
- 4 Eier (Größe M)
- 150 g Zucker
- 150 g Mehl
- ½ gestrichener TL Backpulver
- 75 g gemahlene Haselnüsse
- 1-2 Msp. Lebkuchengewürz
- 1 ½ TL Kakaopulver
- etwas abgeriebene Schale von 1 Bio-Orange
- 3-4 EL Orangenmarmelade zum Bestreichen

Glasur
- 150 g weiße Kuvertüre
- 100 g Sahne
- 1 ½ EL Orangenlikör (nach Belieben)

Füllung und Deko
- 170 g dunkle Kuvertüre
- 170 g Sahne
- 1 kleine unbehandelte Orange
- 50 g weiße Kuvertüre
- Kakaopulver zum Bestäuben

- Springform 20 cm Ø

Schwierigkeit: mittel
Zubereitung: 90 Minuten
Backzeit: 20-25 Minuten
Kühlzeit: 2 Stunden

1 Den Backofen auf 180 °C (Umluft 160 °C) vorheizen. Die Form fetten und mit Mehl bestäuben.

2 Für die Biskuitmasse die Eier mit dem Zucker und 1-2 EL kaltem Wasser weißschaumig schlagen. Mehl und Backpulver mischen, auf die Eiermasse sieben und unterheben. Nüsse, Gewürz, Kakao und Orangenschale zugeben und vorsichtig unterheben. Den Teig in die Form geben und im heißen Ofen (Mitte) ca. 20-25 Minuten backen. Herausnehmen, vorsichtig aus der Form lösen und vollständig auskühlen lassen.

3 Für die Glasur die Kuvertüre grob hacken. Mit der Sahne in einem kleinen Topf bei kleiner Hitze unter Rühren schmelzen. Gegebenenfalls Orangenlikör unterrühren, abkühlen lassen.

4 Für die Füllung 70 g Kuvertüre grob hacken und in einem kleinen Topf mit 50 g Sahne unter Rühren langsam schmelzen, abkühlen lassen. Dann die übrige Sahne steif schlagen. Die Masse mit den Schlagbesen des Handrührgerätes schaumig schlagen, die Sahne unterheben.

5 Den Tortenboden zweimal waagerecht durchschneiden. Jeden Boden mit je 1-2 EL Marmelade bestreichen. Den unteren Tortenboden auf eine Tortenplatte legen und mit einem Tortenring umschließen. Die Hälfte der Schokocreme auf dem Boden glatt streichen. Den zweiten Boden darauf legen, leicht andrücken und mit übriger Schokocreme bestreichen. Den dritten Boden auflegen und leicht andrücken.

6 Die helle Kuvertüremasse schaumig schlagen. Die Torte damit ringsum bestreichen, kalt stellen bis die Glasur fest ist, ca. 2 Stunden.

7 Inzwischen für die Dekoration die weiße und die übrige dunkle Kuvertüre jeweils in einem warmen Wasserbad schmelzen. Die weiße Kuvertüre und die Hälfte der dunklen Kuvertüre auf einer eisgekühlten Marmorplatte dünn verstreichen, fest werden lassen. Die übrige dunkle Kuvertüre etwa 2 mm dick auf einem Bogen Backpapier verstreichen, fest werden lassen.

8 Mit einer kleinen Ausstechform etwa 8 Sterne ausstechen. Dabei die Form öfters in heißes Wasser tauchen. Die Orange heiß abspülen, trocken reiben und halbieren. Die Hälften in dünne Scheiben schneiden. Von der Marmorplatte weiße und dunkle Schokospäne abschaben. Die Torte mit Sternen, Schokospänen und Orangenscheiben verzieren und mit Kakaopulver bestäuben.

Einfach, schnell und trotzdem raffiniert

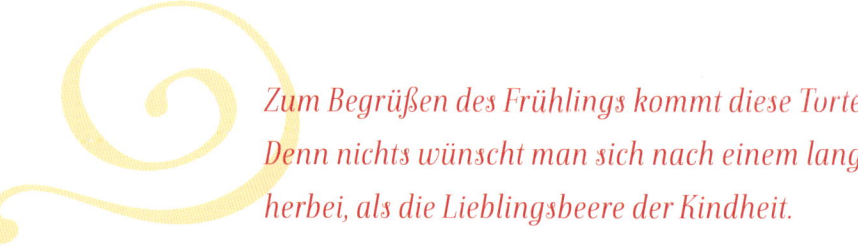

*Zum Begrüßen des Frühlings kommt diese Torte gerade recht.
Denn nichts wünscht man sich nach einem langen Winter mehr
herbei, als die Lieblingsbeere der Kindheit.*

Erdbeertorte

Biskuitmasse
- 1 Ei (Größe M)
- 1 Prise Salz
- 50 g Zucker
- 50 g Mehl
- 1 Msp. Backpulver

Creme
- 250 g frische Erdbeeren
- 3 EL Zucker
- Saft und abgeriebene Schale von ½ Bio-Limette
- 4 Blatt weiße Gelatine
- 120 g Sahne

Dekoration
- frische Erdbeeren
- etwa 100 g Sahne
- einige Blättchen Zitronenmelisse

- *Springform 20 cm Ø*

Schwierigkeit: einfach
Zubereitung: 45 Minuten
Backzeit: 10 Minuten
Kühlzeit: 2–3 Stunden

1 Den Backofen auf 190 °C (Umluft 170 °C) vorheizen. Den Boden der Form mit Backpapier auslegen.

2 Für die Biskuitmasse das Ei trennen. Eiweiß mit Salz steif schlagen. Eigelb hell-cremig aufschlagen. Dabei nach und nach den Zucker einrieseln lassen. Mehl mit Backpulver mischen. Eischnee und etwas von der Mehlmischung zur Eigelbmasse geben und vorsichtig mit einem Teigschaber unterheben, nach und nach die übrige Mehlmischung darauf sieben und unterheben. Den Teig in die Form füllen und im heißen Ofen (Mitte) ca. 10 Minuten goldbraun backen. Herausnehmen und auskühlen lassen, dann vorsichtig aus der Form lösen.

3 Für die Creme die Erdbeeren waschen und putzen. Mit Zucker, Limettensaft und -schale fein pürieren. Die Gelatine nach Packungsanleitung einweichen und auflösen. Zunächst 2–3 EL Erdbeerpüree mit einem Schneebesen unter die aufgelöste Gelatine rühren, dann die Mischung in das restliche Erdbeerpüree rühren, kalt stellen. Sobald die Masse zu gelieren beginnt, Sahne steif schlagen und unterheben.

4 Einen Tortenring um den Biskuitboden legen. Die Erdbeercreme auf den Boden geben, glatt streichen. Etwa 2 Stunden kalt stellen.

5 Für die Dekoration die Erdbeeren waschen, putzen und gegebenenfalls klein schneiden. Die Sahne steif schlagen. Den Tortenring abnehmen und die Torte mit Erdbeeren, Melisseblättchen und Sahnetupfen verzieren. Mit frisch geschlagener Sahne servieren.

Man nehme süße Bananen, knusprige Butterkekse, einen Hauch Schokolade und ganz viel Sahne – das ist das Geheimnis dieser Lieblingstorte für Kinder.

Bananensahnetorte

Biskuitmasse
- » 2 Eier (Größe M)
- » 75 g Zucker
- » ½ Päckchen Vanillezucker
- » 50 g Mehl
- » 25 g Speisestärke
- » ½ EL Kakaopulver
- » ½ gestrichener TL Backpulver

Belag
- » 3 EL Konfitüre (z. B. Himbeere, Kirsch, Aprikose)
- » 2 reife Bananen
- » Saft von ½ Zitrone
- » 400 g Sahne
- » 2 Päckchen Sahnefestiger
- » 2 Päckchen Vanillezucker

Dekoration
- » fetthaltige Kakaoglasur (z. B. von Ruf)
- » 10 Stück Butterkekse

- » *Springform 20 cm ⌀*

Schwierigkeit: einfach
Zubereitung: 35 Minuten
Backzeit: 10-15 Minuten

1. Den Backofen auf 175 °C (Umluft 155 °C) vorheizen. Den Boden der Form mit Backpapier auslegen.

2. Für die Biskuitmasse die Eier trennen. Eiweiß steif schlagen. Eigelb hell-cremig schlagen. Dabei Zucker und Vanillezucker einrieseln lassen.

3. Mehl mit Speisestärke, Kakaopulver und Backpulver mischen. Eischnee und etwas von der Mehlmischung zur Eigelbmasse geben und vorsichtig mit einem Teigschaber unterheben, nach und nach die übrige Mehlmischung darauf sieben und unterheben.

4. Den Teig in die Form füllen und im heißen Ofen (Mitte) ca. 10-15 Minuten backen. Herausnehmen aus der Form lösen und auskühlen lassen. Dann das Backpapier abziehen.

5. Den Tortenboden mit Konfitüre bestreichen. Die Bananen schälen, in Scheiben schneiden und mit Zitronensaft beträufeln. Die Bananenscheiben auf dem Boden verteilen.

6. Die Sahne mit Sahnefestiger und Vanillezucker steif schlagen. Die Torte am Rand dünn mit Sahne bestreichen. Die übrige Sahne auf die Bananen geben und glatt verstreichen.

7. Für die Dekoration die Glasur nach Packungsanleitung erwärmen und auf die Sahne träufeln. Die Kekse an den Rand der Torte stellen, leicht andrücken. Am besten sofort servieren, da sonst die Kekse weich werden.

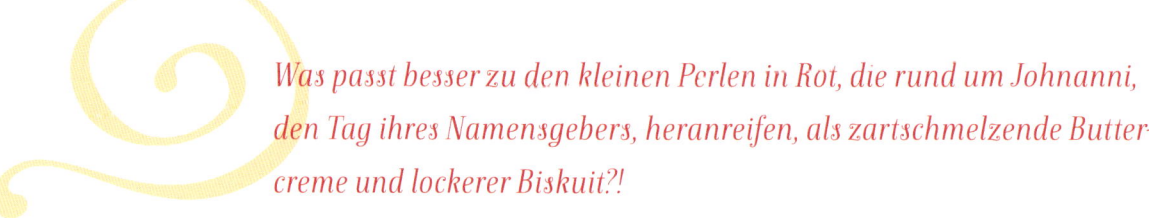

Was passt besser zu den kleinen Perlen in Rot, die rund um Johanni, den Tag ihres Namensgebers, heranreifen, als zartschmelzende Buttercreme und lockerer Biskuit?!

Johannisbeertorte

Biskuitmasse
- 3 Eier (Größe M)
- 1 Prise Salz
- 120 g Zucker
- 150 g Mehl
- 1 TL Backpulver

Füllung
- 450 g frische, rote Johannisbeeren
- 160 g Zucker
- 1 Ei (Größe M)
- 125 ml Milch
- 125 g weiche Butter

Belag
- 150 g frische rote Johannisbeeren
- 1 Päckchen roter Tortenguss
- 2 EL Zucker
- 250 ml roter Johannisbeersaft

Dekoration
- 100–150 g Sahne
- einige frische rote Johannisbeeren

- Springform 20 cm Ø

Schwierigkeit: einfach
Zubereitung: 50 Minuten
Backzeit: 15 Minuten
Kühlzeit: 2 Stunden

1 Den Backofen auf 190 °C (Umluft 170 °C) vorheizen. Den Boden der Form mit Backpapier auslegen.

2 Für die Biskuitmasse die Eier trennen. Eiweiß mit Salz steif schlagen. Eigelb hell-cremig schlagen. Dabei nach und nach den Zucker einrieseln lassen. Mehl mit Backpulver mischen. Den Eischnee und etwas von der Mehlmischung zur Eigelbmasse geben und vorsichtig mit einem Teigschaber unterheben, nach und nach die übrige Mehlmischung darauf sieben und unterheben. Den Teig in die Form füllen und im heißen Ofen (Mitte) ca. 15 Minuten goldbraun backen. Herausnehmen, vorsichtig aus der Form lösen und auskühlen lassen, dann das Backpapier abziehen. Den Boden waagerecht teilen, einen Boden klein würfeln.

3 Für die Creme die Johannisbeeren waschen, abtropfen lassen und von den Rispen streifen. 300 g Beeren mit 80 g Zucker und 5 EL Wasser 2–3 Minuten köcheln. Dann durch ein feines Sieb streichen. Den Saft lauwarm abkühlen lassen.

4 Ei und übrigen Zucker verrühren. Mit Milch und 1 EL Butter in einen kleinen Topf geben, unter ständigem Rühren aufkochen und etwa 1 Minute köcheln lassen. Die Masse in eine Schüssel füllen und unter weiterem Rühren zimmerwarm abkühlen. Die übrige Butter weiß-schaumig schlagen, dabei den Johannisbeersaft langsam zugießen. Die Eimasse esslöffelweise unterrühren. Den zerkleinerten Biskuitboden unterheben.

5 Den übrigen Biskuitboden zweimal waagerecht durchschneiden. Den unteren Boden auf eine Tortenplatte legen und mit einem Tortenring umschließen. Ein Drittel der Johannisbeer-Biskuit-Creme darauf streichen. Die beiden anderen Böden nacheinander darauflegen und mit je der Hälfte der übrigen Creme bestreichen. Die Torte etwa 2 Stunden kalt stellen und fest werden lassen.

6 Für den Belag die Johannisbeeren waschen, abtropfen lassen und von den Rispen streifen. Die Beeren auf der Torte verteilen. Den Tortenguss nach Packungsanleitung mit Zucker und Johannisbeersaft zubereiten, esslöffelweise von der Mitte aus über die Beeren verteilen, fest werden lassen. Für die Dekoration die Sahne steif schlagen. Den Tortenrand damit wellig einstreichen. Die frischen Johannisbeeren auf der Torte verteilen.

Birne Helene war gestern – hier kommt die saftige Schönheit zwischen zartem Biskuit und luftiger Quarkcreme so richtig zur Geltung.

Birnentorte mit Schokoladen-Quarkcreme

Biskuitmasse
- 2 Eier (Größe M)
- 1 Prise Salz
- 85 g Zucker
- 50 g Mehl
- 50 g Speisestärke
- 1 TL Backpulver

Füllung
- 1 kleine Dose Birnen (360 g Abtropfgewicht)
- 50 g weiche Butter
- 100 g Zucker
- 1 Päckchen Vanillezucker
- Saft von ½ Zitrone
- 250 g Magerquark
- 3 Blatt weiße Gelatine
- 200 g Sahne
- 1 EL Kakaopulver
- 1 EL Rum (nach Belieben)

Dekoration
- 100 g Sahne
- Schokoröllchen (Fertigprodukt)
- Zartbitterschokolade

- Springform 20 cm Ø

Schwierigkeit: einfach
Zubereitung: 45 Minuten
Backzeit: 15–20 Minuten
Kühlzeit: 1 Stunde

1. Den Backofen auf 175 °C (Umluft 155 °C) vorheizen. Den Boden der Form mit Backpapier auslegen. Für die Füllung die Birnen abtropfen lassen.

2. Für die Biskuitmasse die Eier trennen. Eiweiß mit Salz steif schlagen. Eigelb hell-cremig schlagen. Dabei den Zucker einrieseln lassen. Mehl mit Speisestärke und Backpulver mischen. Eischnee und etwas von der Mehlmischung zur Eigelbmasse geben und vorsichtig mit einem Teigschaber unterheben, nach und nach die übrige Mehlmischung darauf sieben und unterheben. Den Teig in die Form füllen und im heißen Ofen (Mitte) 15–20 Minuten backen. Herausnehmen und auskühlen lassen. Dann vorsichtig aus der Form lösen.

3. Inzwischen für die Füllung Butter mit Zucker, Vanillezucker, Zitronensaft und Quark verrühren. Die Gelatine nach Packungsanleitung einweichen und auflösen. Zunächst mit 2–3 EL von der Butter-Quark-Creme verrühren, dann zur übrigen Creme geben. Die Sahne steif schlagen und unterheben. Die Hälfte der Creme mit Kakaopulver und gegebenenfalls Rum verrühren.

4. Den Tortenboden einmal waagerecht durchschneiden. Die abgetropften Birnenhälften auf dem unteren Boden verteilen (die Hälften je nach Größe nochmals halbieren). Die helle Quarkcreme darauf geben und glatt verstreichen. Den zweiten Boden darauf legen und mit der Kakaocreme bestreichen. Die Torte mindestens 1 Stunde kalt stellen und fest werden lassen.

5. Für de Dekoration die Sahne steif schlagen und rings um den Tortenrand streichen. Übrige Sahne in einen Spritzbeutel mit mittlerer Lochtülle füllen und kleine Tupfen auf jedes Tortenstück setzen, mit Schokoröllchen verzieren. Von der Schokolade mit einem scharfen Messer oder einem Sparschäler feine Flocken abschaben und darüber streuen.

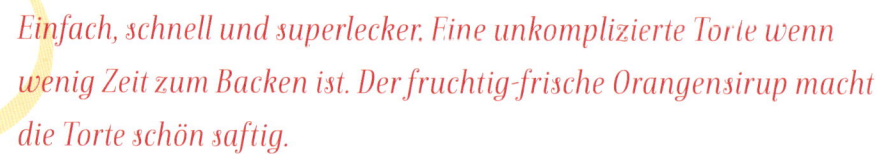

Einfach, schnell und superlecker. Eine unkomplizierte Torte wenn wenig Zeit zum Backen ist. Der fruchtig-frische Orangensirup macht die Torte schön saftig.

Orangen-Zitronen-Torte

Rührteig
- 100 g weiche Butter
- 100 g Zucker
- ½ Päckchen Vanillezucker
- 2 Eier (Größe M)
- 100 g Mehl
- ½ TL Backpulver
- je 1 EL abgeriebene Bio-Zitronen- und Bio-Orangenschale
- 150 g Orangenmarmelade zum Bestreichen

Sirup
- Saft von 2 Orangen und 1 Zitrone
- 40 g Zucker
- 2 EL Orangenlikör (alternativ Orangensaft)

Orangensahne
- 200–300 g Sahne
- 1 Päckchen Sahnefestiger
- ½ Päckchen Vanillezucker
- 1 TL abgeriebene Schale von 1 Bio-Orange
- 1 EL Orangenlikör (z. B. Cointreau) (nach Belieben; alternativ Orangensaft)

Dekoration
- 1 Bio-Orange
- 1 Bio-Zitrone

- *Springform 20 cm Ø*

1 Den Backofen auf 180 °C (Umluft 160 °C) vorheizen. Die Form fetten und mit Mehl bestäuben.

2 Für den Rührteig die Butter mit etwas Zucker und Vanillezucker weiß-schaumig schlagen. Die Eier einzeln zugeben und sorgfältig unterrühren. Übrigen Zucker dazugeben. Mehl und Backpulver mischen. Nach und nach auf die Buttermasse sieben und unterrühren. Zuletzt Zitronen- und Orangenschale unterrühren. Den Teig in die Form füllen und im heißen Ofen (Mitte) 15–20 Minuten backen.

3 Inzwischen für den Sirup in einem kleinen Topf Orangen- und Zitronensaft mit Zucker zum Kochen bringen, sirupartig einkochen lassen. Nach Belieben mit Orangenlikör verfeinern.

4 Die Form aus dem Ofen nehmen. Den Boden sofort mit einem kleinen Holzstäbchen mehrmals einstechen und mit dem heißen Sirup beträufeln (1–2 EL zurück behalten). Den Boden in der Form auskühlen lassen.

5 Den Boden aus der Form lösen. Die Marmelade erwärmen und den Boden damit ringsum einstreichen. Die Sahne mit Sahnefestiger, Vanillezucker, Orangenschale und gegebenenfalls Orangenlikör steif schlagen. Die Sahne in Wellen auf die Torte streichen und mit übrigem Sirup beträufeln.

6 Für die Dekoration Orange und Zitrone heiß abspülen, trocken reiben und halbieren. Die Hälften in schmale Scheiben schneiden und abwechselnd an den Rand der Torte stellen.

♥ *Liebhaber der orientalischen Küche können den Orangensirup auch mit einer Prise gemahlenem Kardamom oder Zimt verfeinern. Auch einige Teelöffel Orangenblütenwasser geben dem Sirup das gewisse Etwas.*

Schwierigkeit: einfach
Zubereitung: 40 Minuten
Backzeit: 15–20 Minuten

Für alle Baiserfans und solche, die es werden wollen. Auf locker-leichtem Biskuitboden thront frisches Stachelbeerenkompott, gekrönt von einer dicken Haube süßen Baisers. Einfach himmlisch!

Baisertorte mit Stachelbeeren

Biskuitmasse
- 1 Ei (Größe M)
- 60 g Zucker
- ½ Päckchen Vanillezucker
- 30 g Mehl
- 30 g Speisestärke
- 1 Msp. Backpulver
- 2–3 EL Stachelbeerkonfitüre

Füllung
- 300 g frische Stachelbeeren
- 1–2 EL Speisestärke
- 150 ml Weißwein (alternativ Apfelsaft)
- 3 EL Zucker
- 1 EL Zitronensaft

Baiser
- 4 Eiweiß
- 1 Prise Salz
- 1 Tropfen Zitronensaft
- 200 g Zucker

- *Springform 20 cm Ø*

Schwierigkeit: einfach
Zubereitung: 45 Minuten
Backzeit: 35–40 Minuten

1 Den Backofen auf 200 °C (Umluft 180 °C) vorheizen. Den Boden der Form mit Backpapier auslegen.

2 Für die Biskuitmasse das Ei trennen. Das Eiweiß zu steifem Schnee schlagen. Das Eigelb mit Zucker und Vanillezucker verrühren, unterziehen. Mehl, Stärke und Backpulver mischen, unterheben. Den Teig in die Form füllen und im heißen Ofen (Mitte) ca. 35–40 Minuten backen. Herausnehmen, aus der Form lösen und auf einem Kuchengitter auskühlen lassen.

3 Für die Füllung die Beeren putzen, waschen und trocken tupfen. Die Stärke mit etwas Wein (oder Saft) glatt verrühren. Übrigen Wein (oder Saft) mit Zucker und Zitronensaft in einem kleinen Topf zum Kochen bringen, die angerührte Stärke einrühren. Die Beeren zugeben und nochmals kurz aufkochen lassen. Vom Herd nehmen, kurz abkühlen lassen.

4 Den Tortenboden mit einem Tortenring umschließen und mit Konfitüre bestreichen. Das Kompott darauf geben, kalt stellen und fest werden lassen.

5 Den Backofengrill auf 220 °C vorheizen. Für das Baiser Eiweiß mit Salz und Zitronensaft steif schlagen. Dann den Zucker einrieseln lassen, weiterschlagen bis eine glatte, glänzende Masse entsteht. Etwa die Hälfte des Eischnees auf die Füllung streichen. Den Rest in eine Spritztüte mit großer Sterntülle füllen.

6 Das Baiser unter dem Grill (oberste Schiene) ca. 5 Minuten leicht bräunen. Herausnehmen und die übrige Baisermasse aufspritzen. Das Baiser weitere 5 Minuten unter dem Grill (oberste Schiene) bräunen. Die Torte am besten sofort servieren (bei längerer Aufbewahrungszeit, beginnt das Baiser flüssig zu werden). Dazu passt frisch geschlagene Sahne.

Die herb-süßen Preiselbeeren sind genau das richtige Pendant zu nussig-süßem Biskuitteig, der von einem kräftigen Schokoladenguss umhüllt wird.

Mandeltorte mit Preiselbeerfüllung

Biskuitmasse
- » 4 Eier (Größe M)
- » 1 Prise Salz
- » 150 g Zucker
- » ½ Päckchen Vanillezucker
- » 150 g gemahlene Mandeln

Füllung
- » 300 g Wildpreiselbeeren (aus dem Glas)
- » 2–3 EL Rum (nach Belieben; alternativ roter Johannisbeersaft)

Glasur
- » 120 g dunkle Kuvertüre
- » 1 EL Butter
- » 25 g weiße Kuvertüre

» Springform 20 cm Ø

Schwierigkeit: einfach
Zubereitung: 35 Minuten
Backzeit: 25 Minuten

1 Den Backofen auf 200 °C (Umluft 180 °C) vorheizen. Den Boden der Form mit Backpapier auslegen.

2 Für die Biskuitmasse die Eier trennen. Eiweiß mit Salz steif schlagen. Eigelb hell-cremig schlagen. Dabei Zucker und Vanillezucker einrieseln lassen. Mandeln und Eischnee zur Eigelbmasse geben und mit einem Teigschaber vorsichtig unterheben. Den Teig in die Form füllen und im heißen Ofen (Mitte) ca. 25 Minuten backen. Herausnehmen und auskühlen lassen. Dann vorsichtig aus der Form lösen und zweimal waagerecht durchschneiden.

3 Für die Füllung die Preiselbeeren mit Rum oder Saft mischen. Den unteren Tortenboden mit der Hälfte der Preiselbeermasse bestreichen. Den zweiten Boden auflegen, leicht andrücken und mit der übrigen Preiselbeermasse bestreichen. Den dritten Boden auflegen und leicht andrücken.

4 Für die Glasur die dunkle Kuvertüre grob hacken und mit der Butter im warmen Wasserbad schmelzen. Die weiße Kuvertüre hacken und in einem zweiten Wasserbad schmelzen, warm halten. Die Torte ringsum mit der dunklen Kuvertüre überziehen.

5 Die weiße Kuvertüre in ein Papierspritztütchen (siehe Tipp Seite 64) oder kleinen Gefrierbeutel füllen. Eine kleine Ecke abschneiden und kleine Tupfen auf die noch weiche Glasur setzen. Mit einem Holzstäbchen ein Marmormuster in die Kuvertüre ziehen. Die Torte kalt stellen, bis die Glasur fest ist.

Zwischen knusprigen Kokosbaiserböden verstecken sich frische Himbeeren, die von einer Schicht zarter Sahne umhüllt werden. Eine göttliche Kombination!

Himbeersahnetorte mit Kokos

Biskuitmasse
- » 2 Eier (Größe M)
- » 1 Prise Salz
- » 100 g Zucker
- » ½ Päckchen Vanillezucker
- » 60 g Mehl
- » 60 g Speisestärke
- » ½ TL Backpulver

Baiserböden
- » 2 Eiweiß (Größe M)
- » 1 Prise Salz
- » 100 g Zucker
- » 100 g Kokosraspel

Füllung
- » 350 g frische Himbeeren
- » 400 g Sahne
- » 2 Päckchen Sahnefestiger

- » Springform 20 cm Ø

Schwierigkeit: einfach
Zubereitung: 45 Minuten
Backzeit: 10–15 Minuten

1 Den Backofen auf 190 °C (Umluft 170 °C) vorheizen. Den Boden der Form mit Backpapier auslegen. Für die Biskuitmasse die Eier trennen. Eiweiß mit Salz steif schlagen. Eigelb hell-cremig schlagen. Dabei Zucker und Vanillezucker einrieseln lassen. Mehl, Stärke und Backpulver mischen. Eischnee und etwas von der Mehlmischung zur Eigelbmasse geben und vorsichtig mit einem Teigschaber unterheben, nach und nach die übrige Mehlmischung darauf sieben und unterheben. Den Teig in die Form füllen und im heißen Ofen (Mitte) ca. 10–15 Minuten backen. Herausnehmen und auskühlen lassen. Dann vorsichtig aus der Form lösen.

2 Für die Baiserböden den Backofen auf 100 °C (Umluft 80 °C) vorheizen. Eiweiß mit Salz steif schlagen. Dann nach und nach den Zucker einrieseln lassen. Weiter schlagen bis eine feste, glänzende Masse entsteht. Zuletzt die Kokosraspel vorsichtig unterheben.

3 Ein Backblech mit Backpapier auslegen. Den Springformrand auf eine Hälfte des Backbleches setzen und die Hälfte des Kokosbaisers darin glatt verstreichen. Den Springformrand vorsichtig abnehmen und auf die andere Hälfte des Backbleches setzen. Die übrige Baisermasse darin glatt streichen, Springformrand vorsichtig abnehmen. Die Böden im heißen Ofen (Mitte) etwa 30 Minuten backen. Herausnehmen, auskühlen lassen.

4 Für die Füllung die Himbeeren verlesen. Die Sahne mit Sahnefestiger steif schlagen (etwas Sahne für die Verzierung in einen Spritzbeutel mit mittlerer Lochtülle füllen). Die Hälfte der Sahne auf dem Biskuitboden glatt verstreichen und mit der Hälfte der Himbeeren belegen (8 Himbeeren für die Garnitur zurück behalten). Einen Baiserboden darauf setzen, mit der übrigen Sahne bestreichen und den übrigen Himbeeren belegen. Den zweiten Baiserboden darauf setzen und mit dicken Sahnetupfen und Himbeeren verzieren.

♥ *Die Torte vorsichtig mit einem großen Sägemesser in Stücke teilen. Alternativ stellt man die Torte vor dem Anschneiden einige Zeit in den Kühlschrank. Dadurch wird das Baiser weicher und lässt sich leichter schneiden. Gut gekühlt schmeckt sie auch noch am nächsten Tag!*

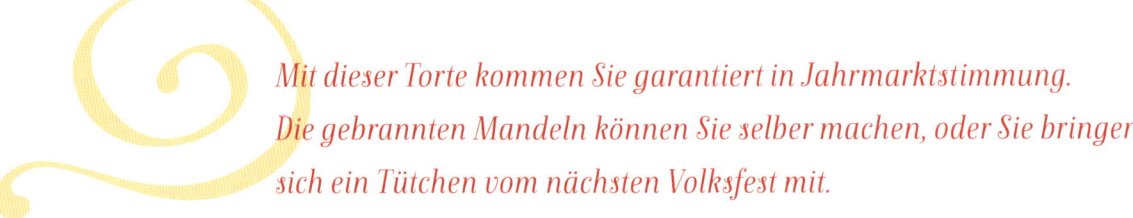

Mit dieser Torte kommen Sie garantiert in Jahrmarktstimmung. Die gebrannten Mandeln können Sie selber machen, oder Sie bringen sich ein Tütchen vom nächsten Volksfest mit.

Sahnetorte mit gebrannten Mandeln

Rührteig
- 40 g Butter
- 3 Eier (Größe M)
- 100 g Zucker
- ½ Päckchen Vanillezucker
- 50 g Mehl
- 50 g Speisestärke
- 1 TL Backpulver
- 2 EL Mandellikör (z. B. Amaretto) zum Beträufeln (nach Belieben)

Füllung und Dekoration
- 100 g Frischkäse
- 65 g Creme fraîche
- 50 g Zucker
- ½ Päckchen Vanillezucker
- 1-2 EL Mandellikör (z. B. Amaretto) (alternativ einige Tropfen Bittermandelaroma)
- 150-200 g gebrannte Mandeln (Fertigprodukt oder selbst gemacht, siehe Tipp)
- 250 g Sahne
- 1 Päckchen Sahnefestiger
- Kakaopulver

- Springform 20 cm Ø

1 Den Backofen auf 175 °C (Umluft 160 °C) vorheizen. Die Form fetten und mit Mehl bestäuben.

2 Für den Rührteig die Butter in einem kleinen Topf schmelzen. Vom Herd nehmen und etwas abkühlen lassen. Inzwischen die Eier mit Zucker und Vanillezucker weiß-schaumig schlagen. Mehl, Stärke und Backpulver mischen, zur Eiermasse geben und unterrühren. Zum Schluss die abgekühlte Butter unter Rühren zugeben. Den Teig in die Form geben und im heißen Ofen (Mitte) ca. 15-20 Minuten backen. Herausnehmen und auskühlen lassen.

3 Für die Füllung Frischkäse mit Creme fraîche, Zucker und Vanillezucker glatt verrühren, nach Belieben mit Mandellikör oder Bittermandelaroma verfeinern. Die Mandeln hacken, einige für die Dekoration beiseite legen. Die Sahne mit Sahnefestiger steif schlagen und mit den Mandeln unter die Creme heben.

4 Den Tortenboden vorsichtig aus der Form lösen, einmal waagerecht durchschneiden. Jeden Boden mit etwas Likör beträufeln. Auf den unteren Boden etwa ein Drittel der Mandelcreme streichen. Den zweiten Boden auflegen und die Torte ringsum mit der übrigen Mandelcreme überziehen. Die Torte kurz vor dem Servieren mit Kakao bestäuben und mit gehackten Mandeln bestreuen.

♥ *Gebrannte Mandeln selbst gemacht: 100-125 ml Wasser mit 125 g Zucker, 2 Päckchen Vanillezucker und 1 TL Zimt aufkochen, 200 g ganze, ungeschälte Mandeln zugeben. Kochen lassen, bis das Wasser verdampft ist und der Zucker kristallisiert. Hitze reduzieren und weiter Rühren, bis sich der Zucker als Karamell um die Mandeln legt. Auf Backpapier abkühlen lassen.*

Schwierigkeit: einfach
Zubereitung: 40 Minuten
Backzeit: 15-20 Minuten

Man soll die Feste feiern wie sie fallen. Für besonders spontane Feiern eignet sich diese kinderleichte Sahnetorte mit saftigem Boden und einer dicken Schicht Zitronensahne!

Sekttorte mit Zitronensahne

Rührteig
- 100 g weiche Butter
- 125 g Zucker
- ½ Päckchen Vanillezucker
- 2 Eier (Größe M)
- 110 g Mehl
- ½ TL Backpulver
- ½ Päckchen Vanillepuddingpulver
- 1 EL Zitronensaft
- abgeriebene Schale von ½ Bio-Zitrone
- etwa 80 ml Sekt (oder Prosecco) zum Tränken

Zitronensahne
- 400–600 g Sahne
- 50 g Puderzucker
- abgeriebene Schale von 1 Bio-Zitrone

Dekoration
- 1 Bio-Zitrone
- 25 g gehackte Pistazien

Springform 20 cm Ø

1 Den Backofen auf 175 °C (Umluft 155 °C) vorheizen. Die Form fetten und mit Mehl bestäuben.

2 Für den Rührteig die Butter weiß-schaumig schlagen, dabei Zucker und Vanillezucker einrieseln lassen. Die Eier einzeln nacheinander jeweils 1 Minute unterrühren. Mehl mit Backpulver und Puddingpulver mischen. Mit Zitronensaft und Zitronenschale unter die Buttermasse rühren. Den Teig in die Form füllen und im heißen Ofen (Mitte) ca. 25 Minuten backen. Herausnehmen und etwas abkühlen lassen.

3 Dann den Boden vorsichtig aus der Form lösen und mit einem Holzstäbchen mehrfach einstechen. Den Sekt gleichmäßig über den Boden träufeln. Den Boden vollständig auskühlen lassen.

4 Für die Zitronensahne die Sahne mit Puderzucker und Zitronenschale steif schlagen. Mit etwa 400 g Sahne ringsum die Torte bestreichen. Die übrige Sahne in einen Spritzbeutel mit Rosentülle füllen und dicke Wellen auf die Torte spritzen.

5 Für die Dekoration die Zitrone halbieren und in dünne Scheiben schneiden. Die Torte mit Zitronenscheiben und gehackten Pistazien dekorieren.

Schwierigkeit: einfach
Zubereitung: 40 Minuten
Backzeit: 25 Minuten

Rezeptverzeichnis nach Kapiteln

Fruchtig und saftig
Schmandtorte mit Sauerkirschen 16
Himbeerquarktorte 18
Kirschtorte 20
Fruchttorte „Pfirsich Melba" 22
Rhabarbertorte 24
Zitronenquarktorte 26
Aprikosentorte mit Mascarponecreme 28
Waldbeerentorte 30
Mohnsahnetorte mit Birnenmus 32
Apfelsahnetorte 34
Ananastorte mit Kokos-Quarkcreme 36

Nussig und schokoladig
Möhrentorte mit Zitronencreme 40
Nusssahnetorte 42
Kokostorte 44
Schokoladentorte mit Eierlikör-Vanillesahne 46
Schokoladentorte mit fruchtiger Rotweincreme 48
Baisertorte mit weißer und dunkler Mousse 50
Schokoladentorte mit Mandelkrokantcreme 52
Mascarponetorte mit dunkler Ganache 54
Mokka-Schokoladentorte 56
Nougattorte mit Walnüssen und Karamellsauce 58

Klassisch und festlich
Prinzregententorte 62
Sachertorte 64
Käsesahnetorte mit frischen Erdbeeren 66
Holländer Kirschtorte 68
Schwarzwälder Kirschtorte 70
Muttertagstorte mit Orangenbuttercreme 72
Ostertorte mit Nektarinen 74
Flockentorte mit Pflaumenmus 76
Geburtstagstorte „Regenbogen" 78
Weihnachtliche Gewürztorte 80

Einfach, schnell und trotzdem raffiniert
Erdbeertorte 84
Bananensahnetorte 86
Johannisbeertorte 88
Birnentorte mit Schokoladen-Quarkcreme 90
Orangen-Zitronen-Torte 92
Baisertorte mit Stachelbeeren 94
Mandeltorte mit Preiselbeerfüllung 96
Himbeersahnetorte mit Kokos 98
Sahnetorte mit gebrannten Mandeln 100
Sektorte mit Zitronensahne 102

Alphabetisches Rezeptverzeichnis

Ananastorte mit Kokos-Quarkcreme 36
Apfelsahnetorte 34
Aprikosentorte mit Mascarponecreme 28

Baisertorte mit Stachelbeeren 94
Baisertorte mit weißer und dunkler Mousse 50
Bananensahnetorte 86
Birnentorte mit Schokoladen-Quarkcreme 90

Erdbeertorte 84

Flockentorte mit Pflaumenmus 76
Fruchttorte „Pfirsich Melba" 22

Geburtstagstorte „Regenbogen" 78

Himbeerquarktorte 18
Himbeersahnetorte mit Kokos 98
Holländer Kirschtorte 68

Johannisbeertorte 88

Käsesahnetorte mit frischen Erdbeeren 66
Kirschtorte 20
Kokostorte 44

Mandeltorte mit Preiselbeerfüllung 96
Mascarponetorte mit dunkler Ganache 54
Mohnsahnetorte mit Birnenmus 32
Möhrentorte mit Zitronencreme 40

Mokka-Schokoladentorte 56
Muttertagstorte mit Orangenbuttercreme 72

Nougattorte mit Walnüssen und Karamellsauce 58
Nusssahnetorte 42

Orangen-Zitronen-Torte 92
Ostertorte mit Nektarinen 74

Prinzregententorte 62

Rhabarbertorte 24

Sachertorte 64
Sahnetorte mit gebrannten Mandeln 100
Schmandtorte mit Sauerkirschen 16
Schokoladentorte mit Eierlikör-Vanillesahne 46
Schokoladentorte mit fruchtiger Rotweincreme 48
Schokoladentorte mit Mandelkrokantcreme 52
Schwarzwälder Kirschtorte 70
Sekttorte mit Zitronensahne 102

Waldbeerentorte 30
Weihnachtliche Gewürztorte 80

Zitronenquarktorte 26

Bezugsadressen und Links

Tortenplatten, Geschirr und Schürzen
www.agenturpedersen.com
www.american-heritage.de
www.azzurina.com
www.impressionen.de
www.dawanda.com
www.reichundglueckli.ch
www.blueboxtree.com

Tischdekoration
www.bezaubernde-tischdekoration.de
www.event-und-hochzeit.de
www.tischleindeckdich-blog.de

Kuchendeko und Backzubehör
www.tortissimo.de
www.pativersand.de
www.cake-company.de
www.firlefantastisch.de
www.bertine.de
www.schoenhaberei.de
www.tortenwelt-shop.com
www.backen-wie-die-profis.de
www.sweet-laura.de
www.hobbybaecker.de

Dank der Autorin

Ein besonderes Dankeschön geht an die Konditormeisterin Gisela Lüttmerding, die mir mit Rat und Tat zur Seite stand. Wer ihre eigenen leckeren Kreationen kennenlernen möchte, schaut unter: www.tortenkunstwerke.de. Ein großes Dankeschön gebührt Maria Jehl und Johanna Braun, deren Basisrezepte für Böden und Füllungen die Grundlage vieler Tortenkreationen dieses Buches sind. Ich danke weiterhin den freundlichen Besitzern und Verkäufern der folgenden kleinen Ladengeschäfte in München (www.livingroom.la; www.engelundbengel.com; Himmelblau, Nymphenburger Str. 179; www.american-heritage.de) für die freundliche Unterstützung bei Auswahl und Verleih der Requisiten. Nicht zuletzt möchte ich mich bei meinen Freunden, Nachbarn sowie meinem Mann bedanken, die treue Abnehmer und verlässliche Kritiker aller Tortenkreationen waren.

ISBN: 978-3-572-08101-1

© 2013 by Bassermann Verlag, einem Unternehmen der Verlagsgruppe
Random House GmbH, 81673 München

Die Verwertung der Texte und Bilder, auch auszugsweise, ist ohne Zustimmung des Verlags urheberrechtswidrig und strafbar. Dies gilt auch für Vervielfältigungen, Übersetzungen, Mikroverfilmung und für die Verarbeitung mit elektronischen Systemen.

Umschlaggestaltung: Atelier Versen, Bad Aibling
Herstellung: Elke Cramer
Projektleitung: Anja Halveland
Fotografie: Jacqueline Böttcher
mit Ausnahme von: photocuisine, Potsdam: U1, 67 (Nicoloso)
Layout: Katharina Schweissguth, Visuelle Kommunikation, München

Die Ratschläge in diesem Buch sind von der Autorin und vom Verlag sorgfältig erwogen und geprüft, dennoch kann eine Garantie nicht übernommen werden. Eine Haftung der Autorin bzw. des Verlags und seiner Beauftragten für Personen-, Sach- und Vermögensschäden ist ausgeschlossen.

Satz: Nadine Thiel | kreativsatz, Baldham
Reproduktion: Regg Media GmbH, München
Druck und Verarbeitung: Mohn media Mohndruck GmbH, Gütersloh

Printed in Germany

Verlagsgruppe Random House FSC® N001967
Das für dieses Buch verwendete FSC®-zertifizierte Papier *Profisilk* wurde produziert von Sappi Alfeld.

817 2635 4453 6271